Mente
Criminal

I0166800

JEAN-CLAUDE ROMAND

EL PARRICIDA MITÓMANO

AMERICAN
BOOK GROUP

INNOVANT PUBLISHING
SC Trade Center: Av. de Les Corts Catalanes 5-7
08174, Sant Cugat del Vallès, Barcelona, España
© 2026, Innovant Publishing SLU
© 2026, TRIALTEA USA, L.C. d.b.a. AMERICAN BOOK GROUP

Director general: Xavier Ferreres
Director editorial: Pablo Montañez
Director de producción: Xavier Clos

Colaboran en la realización de esta obra colectiva:
Directora de márqueting: Núria Franquesa
Project Manager: Anne de Premonville
Office Assistant: Marina Bernshteyn
Director de arte: Oriol Figueras
Diseño y maquetación: Roger Prior
Edición gráfica: Emma Lladó
Coordinación y edición: Adriana Narváez
Seguimiento de autor: Eduardo Blanco
Redacción: Mercedes Carreira
Corrección: Olga Gallego García
Créditos fotográficos: ©Le Soir (Belgique), The Times (UK)
photograph courtsey of the Crolet family, AFP, P. Kheawtasang,
Telestar (France), Diego Grandi, Ele Aarts, Infobae, Pierre
Bessard/AFP, Le Dauphine Network, Philippe Desmazes/AFP,
Fayolle Pascal/SIPA, Fonds d'archives de la Gendarmerie
Gendarmerie nationale (France), Album/Rue des Archives,
Shutterstock.

ISBN: 9781681659084
Library of Congress: 2021946878

Impreso en Estados Unidos de América
Printed in the United States

Nota de los editores:
Queda rigurosamente prohibida, sin autorización escrita de
los titulares del copyright, bajo las sanciones establecidas
por las leyes, la reproducción total o parcial de esta obra por
cualquier medio o procedimiento, comprendidos la reprografía, el
tratamiento informático así como la distribución de ejemplares de
la misma mediante alquiler o préstamo públicos. Algunos títulos
de la colección podrían ser modificados si circunstancias técnicas
así lo exigieran.

La editorial no se responsabiliza por los sitios Web (o su
contenido) que no son propiedad de la misma.

Índice

Capítulo 1

«JEAN-CLAUDE, ¿QUÉ TE PASA?»

«Sabía que después de matar a Florence, también iba a matar a Antoine y Caroline, ese momento, frente al televisor, fue el último que pasamos juntos. Los abracé. Tuve que decirles palabras tiernas, como: "Te amo".»

JEAN-CLAUDE ROMAND, durante el juicio, 1996.

Cerca de cumplir 40 años, Jean-Claude Romand lo tenía todo. Médico de profesión, era un destacado investigador de la Organización Mundial de la Salud (OMS) que vivía con su esposa, Florence Crolet, y sus hijos —Caroline, de siete años, y Antoine, de cinco— en el tranquilo pueblo francés de Prévessin-Möens rodeado de montañas y de bosques.

Desde los años 1960, esa tranquila localidad rural había comenzado a crecer y a adquirir un perfil residencial y elegante que ya hacia 1990 cobijaba una población de 3.700 habitantes. La razón era muy simple: su cercanía con la ciudad de Ginebra, ubicada a 12 km. A través del pequeño pueblo de Ferney-Voltaire, la Rue de Genève atraviesa la frontera y llega hasta la ciudad suiza. Allí tienen su sede varios organismos internacionales, como la filial europea de las Naciones Unidas (ONU), la Cruz Roja y la citada OMS.

Por eso, muchos altos funcionarios internacionales y prósperos comerciantes trabajaban en Suiza, pero vivían en estas localidades francesas. De esta manera, aprovechaban mejor sus altos salarios, al igual que lo hacen hoy. Y Jean-Claude Romand era uno de esos funcionarios que cruzaba diariamente la frontera para llegar hasta las oficinas del organismo que dirige los lineamientos en materia de salud en el mundo.

Estaba en la cúspide de una carrera profesional que había comenzado con el ejercicio de la medicina en 1986, en París. Más tarde, ocupó el cargo de jefe de investigación del Institut national de la santé et de la recherche médicale (Inserm), en Lyon, y desde ese puesto pasó a la OMS. Fue entonces cuando se mudó con su familia a Ferney-Voltaire.

Por otra parte, a esta altura, Jean-Claude Romand tenía además acceso a novedosas medicinas contra el cáncer, lo cual le daba aún más prestigio. Y se había convertido también en un «experto en finanzas» que manejaba las inversiones de sus padres, así como las de otros familiares cercanos y de amigos.

Ellos confiaban en Jean-Claude porque solía reunirse con el ministro de Salud francés y viajaba por el mundo para representar a la OMS; además, porque era un hombre atento y dedicado a su familia: regresaba de sus viajes con regalos para Florence, su mujer, y para sus pequeños hijos.

Dos días de furia

La vida plácida y armónica de los Romand acabó para siempre el 8 de enero de 1993.

Jean-Claude Romand volvió a su casa después de otra jornada de trabajo en Ginebra. Como ocurría a diario, le recibieron las sonrisas de Florence, Caroline y Antoine. Cenaron en familia como tantos otros viernes y la pareja acostó a los niños.

Entonces Florence habló por teléfono con su madre, afligida como siempre por ser viuda, por envejecer y por el abandono que sufría por parte de sus hijos. Al terminar la conversación, Florence empezó a llorar y su marido se sentó a su lado para consolarle.

Esa es la última imagen que Jean-Claude recuerda de esa noche. A la mañana siguiente, según comprobaría la policía más tarde, utilizó un rodillo de amasar para golpearle en la cabeza varias veces hasta matarla.

Cuando los niños se despertaron, les dijo que su mamá seguía durmiendo y los tres bajaron al salón. Allí les preparó el desayuno y los pequeños se sentaron en el sofá para ver la película de dibujos animados *Los tres cerditos* en la televisión. Su padre les acompañó en silencio durante un rato.

Después fingió que les notaba calientes, que tal vez tuviesen fiebre y que iba a tomarles la temperatura. Para eso llevó a Caroline hasta la habitación y le pidió que se acostara en la cama, pero en lugar de ir por el termómetro, regresó con un rifle...

La niña estaba tumbada boca abajo cuando le puso una almohada sobre la cabeza, como parte de un juego —según le dijo—, y a continuación le disparó. Dejó el arma escondida en el cuarto, bajó y continuó mirando televisión con Antoine. Una vez más, con la excusa de la fiebre, llevó a Antoine al primer piso.

El niño se acostó en su cama y la escena se repitió: Romand colocó una almohada sobre la cabeza de su hijo, le tranquilizó diciéndole que era parte de un juego y le disparó.

Después de asesinarlos y como si nada hubiera ocurrido, Romand salió de su casa, guardó en el maletero del automóvil el rifle que días atrás le había pedido a su padre y partió en dirección a Clairvaux-les-Lacs, a menos de 80 km de su domicilio, donde vivían sus padres, Aimé y Anne-Marie.

Después de un almuerzo ameno, Jean-Claude pidió a su padre que le acompañara al dormitorio para solucionar un problema con una fuga de gas —algunas versiones citan un problema de agua o eléctrico—. Allí, aprovechando que Aimé estaba ocupado intentando encontrar el desperfecto, le disparó varios tiros por la espalda. Su madre, en la sala de estar, no escuchó nada porque Romand usó un silenciador.

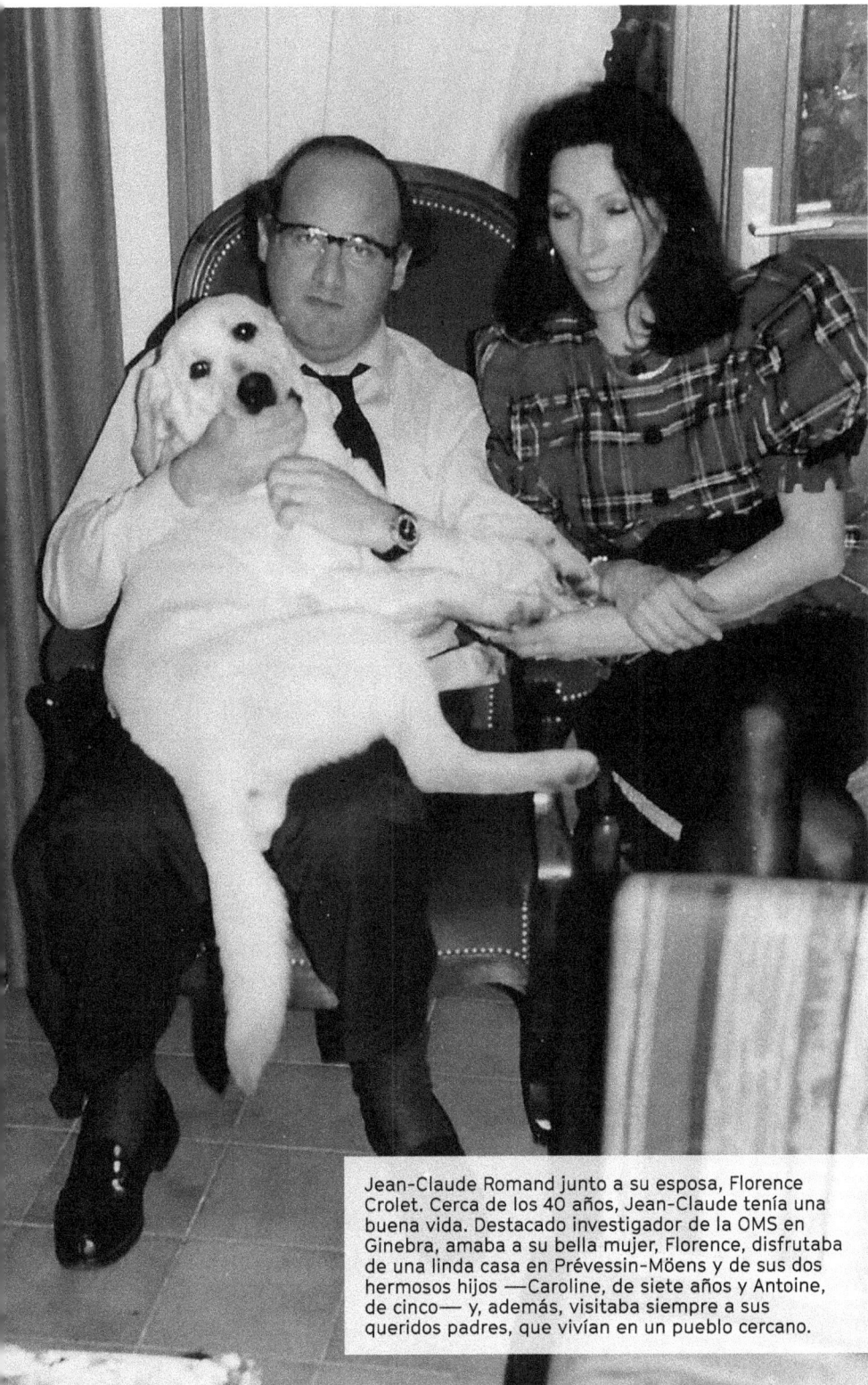

Jean-Claude Romand junto a su esposa, Florence Crolet. Cerca de los 40 años, Jean-Claude tenía una buena vida. Destacado investigador de la OMS en Ginebra, amaba a su bella mujer, Florence, disfrutaba de una linda casa en Prévessin-Möens y de sus dos hermosos hijos —Caroline, de siete años y Antoine, de cinco— y, además, visitaba siempre a sus queridos padres, que vivían en un pueblo cercano.

Cuando su hijo le llamó, Anne-Marie no sospechó lo que iba a ocurrir, por eso se sorprendió al verle con el rifle de su marido. La mujer apenas tuvo tiempo para preguntarle: «Jean-Claude, ¿qué te pasa?», y como única respuesta recibió un disparo. No fue su última víctima: el perro labrador que rondaba gimoteando corrió la misma suerte que sus dueños y fue hallado junto al cuerpo de Anne-Marie. «Pensé que Caroline debería tenerle con ella, le amaba», diría tiempo más tarde el propio Romand.

Minutos después de cometer los crímenes, Jean-Claude Romand se cambió de ropa, cerró la casa y condujo más de 400 km hasta París para encontrarse con una tal Corinne, también conocida como Chantal Delalande. Era su amante.

Le había anticipado que irían a cenar a casa de su amigo Bernard Kouchner, el ministro de Salud del presidente François Mitterrand y cofundador de Médicos sin Fronteras (MSF), que vivía en las cercanías del bosque de Fontainebleau. Como se hacía tarde, le dijo que iría por un camino alternativo.

Inesperadamente, en medio del trayecto, Romand fingió perderse, se detuvo en medio del bosque porque dijo que necesitaba sacar algo del maletero y descendió del coche. Corinne estaba muy intranquila, todo le resultaba confuso y más aún fue verle regresar con un «regalo». Nada tenía sentido. Romand le pidió que bajara del automóvil para ponerle el collar que le había comprado y le indicó que cerrara los ojos. A regañadientes, Corinne lo hizo. Primero, sintió gas lacrimógeno en su cara, después una descarga eléctrica en el abdomen y finalmente las manos de Jean-Claude que intentaban estrangularla. Procuró defenderse y ambos rodaron por el suelo.

Los ruegos y sollozos de Corinne ablandaron al asesino, quien se detuvo de repente, le pidió perdón y justificó ese acto de locura diciéndole que era la consecuencia de una grave enfermedad y de los remedios que tomaba. Se mostró arrepentido y la llevó de regreso a su casa, donde le hizo prometer que no contaría nada a nadie sobre lo sucedido.

El homicida manejó toda la noche para llegar a Prévessin-Moëns, y el domingo por la mañana volvió a su casa, a la que había dejado tal como estaba cuando se fue, con los cadáveres de su mujer y de sus dos hijos adentro.

Compró los periódicos y pasó gran parte del día mirando televisión, haciendo *zapping* y grabando fragmentos de programas. Por la tarde, quiso comunicarse con Corinne para asegurarse, una vez más, de que no le denunciaría a la policía por la agresión de la noche anterior.

Entre las cuatro y trece y las seis y cuarenta y nueve de la tarde, llamó nueve veces a la casa de Corinne de acuerdo con los registros detallados de France Telecom y siempre le respondió la voz del contestador. La décima vez atendió y hablaron durante 13 minutos. Ella había pasado un día espantoso, estaba muy trastornada y todavía le dolían las quemaduras que había sufrido en la cara.

Él repitió su pedido de disculpas, y volvió a mencionar su enfermedad y su estado depresivo. Corinne le respondió que por eso no le denunciaría a la policía, como habría hecho cualquier persona sensata. También, le hizo prometer a Romand que urgentemente buscaría ayuda con un terapeuta.

Bien entrada la noche, Jean-Claude Romand cerró las puertas y las ventanas de su casa, y ya pasadas las tres de la mañana, desparramó gasolina por el ático, sobre los cuerpos de los niños y de Florence, y en las escaleras.

A continuación, se puso su pijama y buscó los barbitúricos que había comprado, pero como no los encontró, tomó una sobredosis de pastillas de Nembutal —un somnífero potente— que guardaba desde hacía diez años en el fondo del botiquín. Enseguida, prendió fuego a la casa y se acostó al lado del cuerpo de su esposa, dispuesto a morir.

Las llamas treparon entonces por las escaleras, invadieron las habitaciones y en poco tiempo se apropiaron del techo haciéndose visibles desde el exterior, justo cuando los empleados de

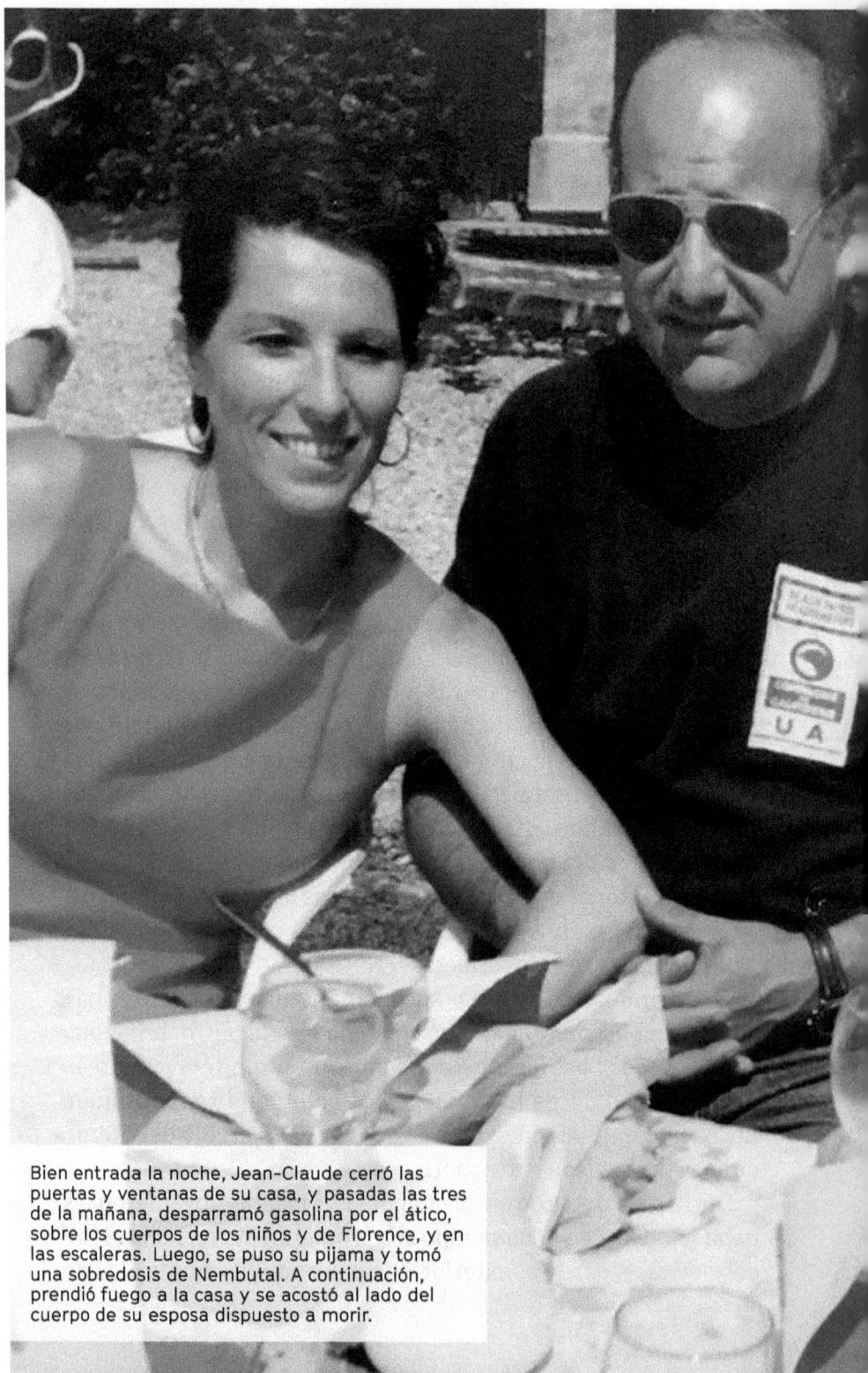

Bien entrada la noche, Jean-Claude cerró las puertas y ventanas de su casa, y pasadas las tres de la mañana, desparramó gasolina por el ático, sobre los cuerpos de los niños y de Florence, y en las escaleras. Luego, se puso su pijama y tomó una sobredosis de Nembutal. A continuación, prendió fuego a la casa y se acostó al lado del cuerpo de su esposa dispuesto a morir.

limpieza de las calles pasaban delante de la casa. Fueron ellos quienes alertaron a los bomberos minutos después de las cuatro.

En la madrugada del lunes 11 de enero de 1993, el ulular de las sirenas de los vehículos de rescate despertó a los vecinos. Cuando los bomberos llegaron a la casa de los Romand, las llamas escapaban por el techo que ya había sido consumido. Intentaron entrar, pero no encontraron por dónde hacerlo; puertas, postigos y ventanas estaban cerrados por dentro y debieron derribar la puerta de calle para acceder a la vivienda.

El fuego devoraba la escalera y era difícil llegar al piso superior, donde el incendio se había propagado con más intensidad. Afuera, unos bomberos oyeron crujir un postigo: alguien estaba aún con vida en la planta alta.

Cuando el humo ya lo invadía todo y sin poder respirar, Jean-Claude Romand se arrastró hasta una ventana, la abrió y se asomó, pero enseguida perdió el conocimiento. Los bomberos le encontraron inconsciente, apenas respiraba. De inmediato le trasladaron en estado crítico al hospital más cercano, el Saint-Julien-en-Genevois.

Una hora y media después, lograron controlar las llamas; solo restaban pequeños focos que rápidamente fueron sofocados. El interior de la casa estaba muy lejos del paraíso soñado por los Romand cuando se mudaron allí: el fuego había devorado el pasado y consumido el presente, y parecía el culpable de haberles dejado sin futuro.

En una habitación casi totalmente destruida por el fuego y el agua, los bomberos encontraron los cuerpos de Caroline y Antoine carbonizados y acostados en sus camas, y en el otro dormitorio, el cadáver de Florence.

En un principio, supusieron que el incendio había sido accidental, pero poco después surgieron las dudas. Los médicos comprobaron enseguida que Florence había recibido fuertes golpes en la cabeza y que los niños habían sido baleados.

Las certezas de asesinato llegaron ni bien la Gendarmería fue hasta la casa de los padres de Jean-Claude, en Clairvaux-les-Lacs, para avisarles de lo ocurrido en Prèvessin-Möens, y se enteraron de que también habían sido asesinados a balazos.

Tras casi una semana en coma, Jean-Claude Romand fue finalmente interrogado por la policía. Habían surgido algunas pistas. La madrugada del incendio, la policía había encontrado en el BMW del funcionario una nota manuscrita: «Un accidente banal y una injusticia pueden provocar la locura. Lo siento». También aseguraba que había matado a su familia «para no tener que padecer su mirada» cuando se enteraran de que era un fraude.

¿A qué fraude se refería? ¿Qué escondía este profesional exitoso que al menos para quienes le conocían llevaba una vida perfecta? Las respuestas no tardarían en llegar.

Capítulo 2

«PERO YO NO SABÍA
CÓMO HABLAR»

«**Un Romand es franco como el oro.**»
AIMÉ ROMAND, padre de Jean-Claude.

Hasta mediados del siglo XX, el ciudadano más famoso de la ciudad de Lons-le-Saunier, capital del departamento de Jura, era Rouget de Lisle, autor de *La Marsellesa*, el himno nacional de Francia. Décadas después, el mundo volvería a nombrar a esta ciudad por razones muy distintas, porque allí había nacido Jean-Claude Romand el 11 de febrero de 1954.

Jean-Claude creció, muy cerca, en Clairvaux-les-Lacs, una población pequeña en el corazón de la región de los lagos, próxima a la frontera suiza, que por esa época no superaba los 1.300 habitantes. Clairvaux-les-Lacs está rodeada de bosques y montañas, y sus casas se extienden junto a las playas suaves del lago, que invita a nadar y a realizar deportes acuáticos, además de convocar a los amantes de la pesca. Los bosques cercanos tienen infinidad de senderos para caminar y andar en bicicleta. Sus pobladores se enorgullecen de su antigua iglesia y de una torre medieval que permaneció en pie tras el incendio causado por las tropas de Luis XIV que consumió el castillo.

Jean-Claude Romand vivió en ese bello entorno natural como hijo único, con una infancia solitaria en un ámbito rural, con pocos amigos y un perro al que quería mucho.

Creció en una familia de prósperos madereros, discreta y trabajadora hasta la austeridad que llevaba varias generaciones en la zona. El padre de Jean-Claude, Aimé, era un hombre rígido y trabajador, y su hijo le admiraba porque no dejaba traslucir emociones, rasgo que se esforzó por imitar al crecer.

Aimé era fuerte: había participado en la Segunda Guerra Mundial y durante varios años había sido prisionero de los alemanes. En cambio, Anne-Marie era una mujer de salud muy frágil. No había un diagnóstico preciso de la enfermedad crónica que padecía, pero ella se preocupaba en exceso ante cualquier inconveniente o imprevisto mínimo, lo que perjudicaba su delicada constitución.

A Jean-Claude le habían enseñado a no mentir, o por lo menos eso predicaban: «Un Romand es franco como el oro», solía decir su padre. Pero, al mismo tiempo, Jean-Claude sabía que no debía hablar de ciertas cosas, aunque fuesen verdades, para no alterar la salud de su madre. Según admitió en el juicio por los crímenes de 1993 el propio Jean-Claude Romand, «todo debía ir bien; de lo contrario, mi madre iría de mal en peor y habría sido ingrato si la preocupaba con trivialidades, con pequeñas pesadumbres de niño. Más valía ocultarlas».

Fue así como el pequeño Jean-Claude se desarrolló respetando la premisa fundamental de evitar intranquilizar o afligir a su madre. Una norma no escrita que consistía en ocultarle lo que le ocurría o sentía y que hizo que las mentiras piadosas se convirtieran en la regla de oro de esa reducida familia, porque —claro está— no era solo el niño, todos mentían.

«Jean-Claude Romand fue criado como un niño precioso (...), sus padres lo sobrevaloraban —describió el psiquiatra Daniel Settelen cuando fue interrogado por el canal de televisión

Franceinfo—. Fue sobreprotegido, no decimos toda la verdad a un hijo único y querido; tal vez por eso, cuando hospitalizaron a su frágil madre después de un grave problema de salud, le dijeron que era por apendicitis».

Eso sucedió cuando Anne-Marie fue internada en dos ocasiones por embarazos extrauterinos que hicieron temer por su vida, y Aimé se lo ocultó a su hijo para no inquietarle. La histerectomía fue disfrazada de apendicitis, y Jean-Claude creyó erróneamente que había muerto y que le estaban engañando; todo, debido a la ausencia materna y a los murmullos que escuchó en los que aparecía reiteradamente la palabra «hospital» dicha de manera lúgubre.

En ese «contexto familiar donde lo que puede provocar sufrimiento está oculto», como afirmó el mencionado doctor Settelen, hay un hecho que nunca quedó claro para el pequeño Jean-Claude.

Un día su amado perro desapareció y él sospechó que su padre le había matado con su rifle. Tal vez el animal estaba enfermo y Aimé quiso evitarle a su hijo el dolor de verle agonizar. Pero es muy probable que le hubiera dicho la verdad y que el perro haya desaparecido de un día para otro. Sin embargo, Jean-Claude nunca le creyó. Tan arraigada estaba la costumbre de la mentira piadosa en su familia que si el embuste pasaba a menudo por verdad, era normal pensar que la verdad no fuera otra cosa más que un engaño.

Así fue como Jean-Claude se convirtió en un niño marcado por la imperiosa necesidad de cumplir con las expectativas familiares. Era muy obediente, al punto de no querer defraudar, preocupar ni molestar a sus padres. Todo debía encajar en esa vida perfecta y el muchacho acabó por convertirse, por supuesto, en el hijo modelo que esperaban.

Durante su juicio, Jean-Claude afirmó, sin embargo, que tuvo una infancia feliz: «Recibí el mayor amor que los padres pueden dar»; aunque también admitió que para él todo había comenzado en esa época.

¿Cuánto abarcaba y abarcaría ese «todo»? Pues... la realidad entera, comenzando por él mismo. «Siempre estaba sonriendo, y creo que mis padres nunca sospecharon mi tristeza... No tenía nada que ocultar entonces, pero escondí esta angustia, esta tristeza (...). Sin duda habrían estado listos para escucharme, Florence también habría estado lista, pero yo no sabía cómo hablar».

Ensayo premonitorio

Jean-Claude Romand estudió en el liceo de Lons-le-Saunier hasta obtener el título del bachillerato. Cursó como interno y se destacó como un estudiante muy aplicado, formal e introvertido, siempre apartado de sus compañeros, con escasos amigos, un gran lector y poco dotado para los deportes.

Tenía 17 años en junio de 1971 cuando escribió un ensayo al que tituló *¿Existe la verdad?* La materia era Filosofía y el trabajo le valió una calificación aceptable de 16 sobre 20. Contemplado en retrospectiva, su elección constituyó un hecho premonitorio, porque lo cierto es que Jean-Claude ya sabía muy bien cómo mentir y ocultar la realidad.

Durante su niñez y su primera adolescencia, no mostró señales de sufrir ningún trastorno mental y al parecer, tampoco experimentó ningún acontecimiento grave que pudiera haberle marcado negativamente. Nada hacía pensar que este hijo único de un trabajador forestal y un ama de casa, descrito como «frágil y ansioso» por *L'Express* en 1993, sentenciaría a su familia a tan injusto y sangriento final.

Al terminar el bachillerato, Jean-Claude soñaba con ser ingeniero en la Oficina Nacional Forestal, diría el diario *Liberation* en un artículo publicado en 1993. Había toda una tradición familiar detrás de esa actividad y tal vez eligió esa carrera para dar continuidad al negocio de su padre y seguir complaciéndole.

Así fue como en 1971 se inscribió en una clase de Agronomía preparatoria en el famoso Lycée du Parc, en Lyon, para ingresar

Jean-Claude soñaba con dedicarse al oficio de su padre, maderero. Por eso se inscribió en una clase de Agronomía en el famoso Lycée du Parc, de Lyon, para ingresar en la Escuela de Estudios Forestales. Luego de un primer trimestre con buenas notas, una novatada y las burlas de sus compañeros hicieron que dejara el colegio y no volviera más. Les mintió a sus padres diciendo que sufría de sinusitis y permaneció encerrado sin salir de casa. Este fue su primer gran engaño.

en la Escuela de Estudios Forestales, y aprobó todas las asignaturas del primer trimestre sin problemas. A pesar de su éxito, una novatada le desalentó. Entonces se alejó de Lyon después de las vacaciones de Todos los Santos y no regresó nunca más.

Décadas más tarde explicaría que le hubiera gustado ser maderero como su padre, pero que en el liceo se tropezó con el desdén de sus compañeros, «burguesitos de buena cuna, hijos de médicos o abogados, para quienes un gerente maderero era poco menos que un currante subalterno», y como no pudo enfrentarles, sencillamente decidió huir.

Este fue el primer fracaso del joven Jean-Claude, quien no pudo admitir ante sus padres que había abandonado sus estudios, frustrado por las picardías y jugarretas de sus condiscípulos. En ese momento les dijo que no podía volver a Lyon por sufrir de sinusitis, por lo que permaneció enclaustrado en la casa paterna para recuperarse. Amparado por la mentira y por el débil cascarón familiar, este fue su primer engaño y la primera muestra de que padecía problemas emocionales y psíquicos.

Capítulo 3

UNA SIMULACIÓN
DE 11 AÑOS

«Yo mismo estaba sorprendido de que esto fuera posible.»
JEAN-CLAUDE ROMAND, durante el juicio, 1996.

Finalizaba el ciclo académico 1974-1975 en la Universidad de Lyon y el revuelo que generaban los exámenes tenía a todos los estudiantes alborotados. Los alumnos de segundo año de Medicina acababan de rendir el final de Fisiología, que era eliminatorio, y debían aprobarlo para pasar a tercer año.

Los jóvenes caminaban por los pasillos hablando entre ellos; algunos se demoraban cerca del aula y, apoyados contra la pared, consultaban ansiosos los apuntes para verificar sus respuestas; otros se reunían en el hall de la facultad o en el bar para comentar ese examen crucial. Todos se quejaban o alegraban de lo mal o bien que les había ido. Todos, menos Jean-Claude Romand, que no estaba entre ellos porque se había quedado dormido, o al menos eso fue lo que dijo más tarde.

En 1973 Jean-Claude se había matriculado en la carrera de Medicina, a pesar de que la idea de cuidar enfermos o tocar cuerpos sufrientes y lastimados le espantara. Pero esa profesión siempre le había atraído, quizá por la delicada salud de su madre.

Por ese motivo y a pesar de esa repulsión natural, cursó las materias sin sobresaltos y aprobó el primer año con buenas notas. Sus profesores consideraban que era un joven estudioso, tranquilo, con un brillante porvenir y algo introvertido aunque agradable.

En la facultad se enamoró de Florence Crolet, una prima lejana a quien veía de tanto en tanto en fiestas familiares y que ahora también estudiaba Medicina. Era una joven delgada, de piel blanca, cabello castaño, mirada franca y amplia sonrisa.

En la primavera de 1975, Jean-Claude y Florence empezaron una relación. Pero el romance fue efímero: Florence decidió darlo por terminado argumentando que necesitaba enfocarse más en sus exámenes y Jean-Claude pareció aceptarlo, pero en realidad sufrió una honda depresión y su estado anímico pronto tuvo su correlato en los estudios. Otra vez buscó el falso refugio de las cuatro paredes y tomó una decisión llamativa: se encerró en su habitación del campus y, simplemente, dejó de acudir regularmente a clases.

Según declararía más tarde Jean-Claude Romand, aquella mañana del examen de Fisiología no escuchó el despertador. Sus amigos le dijeron que no se preocupara, que en las fechas de septiembre podría aprobar la materia. Sin embargo, dos días antes del nuevo examen, se quebró la muñeca al caerse de las escaleras y tampoco acudió a la prueba, aunque comunicó a todos que le había ido bien.

Tres semanas después del examen, se conocieron los resultados y, en ese lapso, Jean-Claude tuvo tiempo de recapacitar, ya que era su última oportunidad para admitir que no se había presentado debido a un accidente o, simplemente, decir que no había aprobado. Sin embargo, dio una versión muy distinta a sus padres y amigos. Según él, había aprobado la materia y pasado de año.

Evidentemente, para este joven serio, responsable y con un profundo deseo de agradar, resultaba muy difícil reconocer un error o desilusionar a sus padres. ¿Por qué no admitía simplemente que no había pasado de año como lo hacen infinidad de estudiantes? Jean-Claude Romand lo explicaría de la siguiente manera durante el juicio de 1996 según la revista *Paris Match*: «Preferí el escape al examen. Aquí es donde comenzó la farsa. No pensé que me iba a arrastrar tan lejos».

Encierro, «cáncer» y huida

Sus padres le creyeron y dieron por sentado que Jean-Claude seguía siendo exitoso en sus estudios, tal como lo había sido en su primer año de carrera, y él no lo negó. El engaño quedó entonces instalado y su vida siguió el camino de los supuestos, las omisiones y el simulacro.

Ahora se hallaba cautivo en la trampa del «no querer decepcionar». Tal vez desconociera que ese sendero podría convertirse en infinito: la primera mentira requiere justificarse en otra, y esta otra en otras más, y finalmente el embuste concluye por apropiarse de nuestra misma existencia.

¿Por qué no volvió a presentarse a otro examen? ¿Qué lo llevó a abandonar la carrera de Medicina? Se desconoce. Solo sabemos que en ese momento tomó una decisión extremadamente ilógica y complicada para su vida: continuar con la farsa.

Tras la decepción de no haber aprobado Fisiología y ante el conflicto interno generado por mentir sobre un hecho crucial en esa etapa de su vida, Jean-Claude Romand volvió a utilizar un recurso simple y eficaz: se encerró en su cuarto.

Pasó el primer trimestre de «tercer año» enclaustrado, leyendo periódicos y libros, o viendo la televisión, sin concurrir a la universidad, solo y sin ver a nadie. Las consecuencias: la mala alimentación y la falta de actividad física le llevaron a engordar 20 kilos. El engaño comenzaba a corporizarse y de alguna manera Jean-Claude empezaba a ser otro.

Poco antes de Navidad y preocupado por su ausencia, su amigo y compañero de estudios, Luc Ladmiral, decidió visitarle para ver qué le ocurría. Entonces, Jean-Claude irrumpió con su segunda gran mentira: le dijo que padecía de un linfoma —un tipo de cáncer— y que por eso había dejado de acudir a clases. Enfermar está bien visto y con mucha inteligencia eligió «enfermarse» de una afección que provoca en el paciente muchos altibajos, con períodos de aparente salud y otros de debilidad, pero que no mata.

El ardid le permitía alternar y justificar épocas de avance y retroceso en sus actividades estudiantiles y sociales, a la vez que no llamar demasiado la atención. Gracias a esta segunda mentira, logró también que sus progenitores no le hicieran preguntas y evitó causarles nuevas preocupaciones.

Entre 1975 y 1986 —durante 11 años y puntualmente—, Jean-Claude se matriculó una y otra vez en el segundo año de Medicina, pagó religiosamente la reinscripción y vivió gracias al dinero que le enviaban sus padres para que estudiara sin apuros económicos. Cada otoño recibía su nuevo carné de estudiante, junto con una carta de la sección de exámenes, firmada por el decano, que le prohibía rendir. En realidad, se inscribía en las materias pero no las cursaba. Presentaba falsos certificados médicos que demostraban su enfermedad, y gracias a ellos justificaba no asistir ni a las clases ni a los exámenes. «Yo mismo estaba sorprendido de que esto fuera posible», diría Jean-Claude en el juicio.

Durante esos 11 años, Jean-Claude desplegó sin embargo la misma energía y actividad que hubiera empleado si realmente hubiera estudiado. Acudía a la universidad, pero no entraba a las aulas, frecuentaba las bibliotecas y los bares, estudiaba los temas de las asignaturas para poder conversar con sus compañeros, e incluso prestaba sus prolijos y meticulosos apuntes, tan bien redactados que parecían escritos a propósito para que otros los leyeran. Así continuó aparentado que estudiaba.

Jean-Claude se esforzó para crear otra realidad. Durante más de una década, se acostumbró a circular por el *hall* de la universidad a la hora de entrada y salida de las clases, simplemente para que le vieran, confiando en que los otros estudiantes enfrascados en sus propios asuntos no le notarían. Así también se preocupó, metódicamente, por modificar sus horarios para no coincidir con quienes pudiesen desenmascararle y, curiosamente, ninguno de sus compañeros notó que su apellido no figuraba en las listas de las materias ni de los exámenes.

Jean-Claude utilizó el tiempo de su juventud en tejer una red de mentiras con inteligencia y rigor estadístico: si un compañero le comentaba que hacía las prácticas en el hospital A, él afirmaba que las hacía en el hospital B, y viceversa. Jean-Claude trabajó arduamente en fabricar cada uno de esos días. Nadie de su entorno advirtió la situación. Y nadie sospechó. Quizá Jean-Claude fuera invisible para ellos o tal vez todos lo seamos de algún modo.

¿Cómo es posible que haya pasado desapercibido con tanta facilidad? ¿Tenía tan pocas amistades? ¿Era tan irrelevante su presencia en los claustros universitarios? Al parecer, así era. Un amigo de la facultad entrevistado por *Libération* recordó que «cada vez que se sentía arrinconado, se excusaba con la enfermedad que había inventado».

Pero la mascarada llegó a su fin. Terminó al concluir el año 1986, cuando una nueva jefa de la sección administrativo-académica descubrió las irregularidades cometidas por Jean-Claude al revisar fichas y documentos.

Preguntó si era posible prohibirle al tal Romand que se presentara a los exámenes —cosa que él de todas maneras no hacía—, y que volviera a matricularse. Le respondieron que no había normas al respecto, pues era algo muy inusual. Entonces decidió citarlo para hablar del tema, pero Jean-Claude no acudió a la reunión. Viéndose descubierto, su reacción fue sencilla: desaparecer de los claustros universitarios y orquestar la siguiente gran mentira.

Capítulo 4

VIDA EN FAMILIA

«Acompañé a mis hijos a la escuela. Y me quedé
en mi oficina que, según la temporada, podría ser
mi automóvil, una cafetería o una biblioteca.»

JEAN-CLAUDE ROMAND, al describir
una de sus supuestas jornadas laborales
durante el juicio, en 1996.

A partir del momento en que le dijo a su amigo Luc Ladmiral que tenía cáncer, Jean-Claude Romand necesitó crear un intrincado y complejo andamiaje de mentiras para sostener su primer y segundo engaño. En este punto, dejó de ser un simple embustero para convertirse en un mentiroso compulsivo, en un mitómano. Con sus mentiras eludía una realidad que no le gustaba y evitaba afrontar las responsabilidades de sus actos y decisiones. En lo inmediato, sus falsedades amortiguaban la frustración y embellecían su vida; pero a largo plazo incrementaron el sufrimiento que deseó evitar hasta volverse fatalmente intolerables.

De vuelta con Florence

Su segunda gran mentira le permitió a Jean-Claude captar finalmente la atención de la muchacha que le había rechazado anteriormente. Florence Crolet había reprobado el primer año de Medicina y, sin dudarlo, abandonó la carrera para cambiarse a Farmacia en

1976. Vivía en Annecy con sus padres y sus dos hermanos menores, tenía un cuerpo atlético, era deportista, amaba ir de campamento y le gustaban las salidas con amigos. Era católica, y todos los que le conocieron le consideraban franca, recta y feliz de la vida.

Hasta entonces, Florence había rechazado a Jean-Claude obstinadamente, pero el supuesto cáncer que aquejaba a su admirador despertó su compasión. Además, la permanente presencia de su primo lejano para ayudarle a estudiar las materias de Farmacia, comunes a Medicina, fue mitigando paulatinamente su resistencia hasta que finalmente él logró conquistarla.

A partir de entonces, Jean-Claude y Florence llevaron una vida típica de estudiantes, que matizaban intercalando diversión y libros. Florence era muy sociable, lo que ayudó a su retraído novio a integrarse poco a poco a su bullicioso grupo de amigos, con los que muchos sábados compartían discotecas y de tanto en tanto, excursiones a la montaña.

Ella se llevaba muy bien con Luc Ladmiral, un muchacho seguro, buen estudiante, muy sociable, católico, que pertenecía a una antigua familia de médicos lioneses. Luc apreciaba a Jean-Claude y confiaba en que sería exitoso, mientras que otros jóvenes le consideraban solamente un pueblerino. Esta amistad ayudó mucho a que Jean-Claude fuera admitido en el grupo de amigos y a que Florence le viera con buenos ojos.

En 1983, Florence defendió su tesis de Farmacia, obtuvo las felicitaciones del tribunal y se recibió. Y Jean-Claude aprobó el «examen de médicos residentes de París». Al menos, eso fue lo que dijo. Tras varios años de noviazgo, se casaron en 1984. La boda se celebró en Annecy, en la casa de los suegros, quienes adoraban a su yerno.

Tranquilidad y prosperidad

En 1984, la joven pareja dejó Lyon para establecerse en Ferney-Voltaire, cerca de Prévessin-Möens. Allí adquirieron un cómodo apartamento, un Volvo, y nacieron muchos proyectos y esperanzas. La sociable y bondadosa Florence encontró trabajo en la farmacia del pueblo, mientras el apacible y callado Jean-Claude cursaba los últimos años de su carrera de Medicina. Para alegría de todos, el 14 de mayo de 1985 nació Caroline y el pequeño Antoine llegó el 2 de febrero de 1987.

Pero algo importante sucedió, como dijimos, en el intervalo del nacimiento de los niños. En el año 1986, al ser desenmascarado en la facultad, Jean-Claude anunció a sus familiares y amigos que había finalizado la carrera y todos celebraron la buena noticia. Jean-Claude se había recibido, supuestamente, tras aprobar el examen de médicos residentes de París, ciudad donde aseguraba trabajar. Tiempo después comunicó a todos sus conocidos que había sido nombrado investigador en el Inserm de Lyon.

Hasta 1986, según su relato, había estado estudiando mientras sus padres le mantenían económicamente, pero ahora se había recibido, así que Jean-Claude debía pensar rápidamente en algo. Ese mismo año, les dio a todos una gran noticia: había recibido una beca como investigador en la OMS, en Ginebra, a escasos kilómetros de donde vivía. Familiares y amigos le felicitaron y creyeron que comenzaba una exitosa profesión, aunque su verdadera y única ocupación fuera la mentira.

Los siguientes años trascurrieron de forma normal para la familia Romand. Florence hacía los reemplazos en la farmacia del pueblo, pero principalmente se ocupaba de Caroline y Antoine, mientras Jean-Claude trabajaba arduamente en la OMS. Y, no solo en la OMS, según se ocupó de transmitir a familiares y amigos, además dictaba cursos en la universidad de Dijon y a veces daba conferencias en el extranjero.

Todo transcurría sin sobresaltos ni mayores problemas para Jean-Claude. Ese todo milimétricamente construido a partir de la nada estaba funcionando a la perfección, y los Romand pudieron

Florence Crolet se recibió de farmacéutica y se casó con Jean-Claude en 1984. Según parece, nunca dudó de su esposo, quien incluso había planificado cómo recibir llamadas a su supuesta oficina sin levantar sospechas.

cambiar su Volvo por un BMW y mandar a sus hijos al mejor instituto privado de la zona, el Saint-Vicent-de-Paul.

A lo largo de los años, Jean-Claude y Florence se fueron integrando de manera natural en esa comunidad local y selecta. Florence era una mujer abierta, generosa y muy querida e intervenía activamente en la asociación de padres del colegio de sus hijos; se ocupaba del catecismo, de organizar la fiesta de la escuela y de encontrar padres voluntarios para acompañar a los niños a la piscina o a esquiar.

En cambio, el introvertido, agradable, discreto y erudito Jean-Claude permanecía alejado de la vida social; aunque sabía cómo cautivar a su audiencia y al mismo tiempo permanecer reservado. Cuando alguien en su casa o en las reuniones de amigos le preguntaba sobre su trabajo, daba escasos detalles, siempre fingía modestia y hablaba muy poco, o comunicaba información más bien difusa sobre sus investigaciones y colegas.

Argumentaba que no podía hablar, porque estaba enfrascado en investigaciones muy reservadas. Y tanta discreción suele ser bien recibida, sobre todo, si uno trabaja en la OMS y da conferencias pero se muestra humilde. «Nunca fue presumido, ni se jactó de nada, nunca sobresalía», contaría tiempo después Jean-Noël Crolet, su cuñado, en el programa *Traiga al acusado* de France 2. Nadie objetaba nada de lo que Jean-Claude decía. Nadie dudaba sobre lo que contaba. Le creían.

La realidad creada por Jean-Claude funcionaba cada día mejor y daba frutos, y como la situación social y económica de los Romand mejoraba, entre 1990 y 1991, se mudaron a una hermosa casa en el 32 de la route de Bellevue, en Prévessin-Möens. Estaba situada en una esquina, tenía dos pisos, paredes gris tiza, techo a dos aguas de tejas rojas y se hallaba rodeada por un jardín muy verde. Era casi un hogar de película, como la vida de Jean-Claude Romand, que alegraría la vida de Florence que por esos años había perdido a su padre.

El arte del embuste

Pero si casi todo lo que decía Jean-Claude era mentira, si no trabaja en la OMS, si carecía de ocupación alguna, si no tenía nada que hacer, las preguntas se imponen necesariamente: ¿qué hacía durante el día?, ¿cómo era su vida cotidiana?

Lo que cualquier vecino podía ver era que, después de desayunar con su familia, Jean-Claude llevaba a sus hijos a la escuela, y se marchaba a su trabajo. Lo que no podían constatar era que la mayoría de los días conducía sin rumbo por los bosques cercanos a Ginebra o caminaba por los parques. Pasaba horas sentado en su BMW o durmiendo en él, y muchas veces permanecía en el aparcamiento de un supermercado o en una isleta de la autopista.

También paseaba por Bourg-en-Bresse, Bellegarde-sur-Valserine, Gex, Nantua y, sobre todo, por Lyon, donde estaban sus librerías preferidas: la FNAC y Flammarion, en la plaza Bellecour. Algunos días, incluso, se refugiaba en los bares de las estaciones de servicio o en algún café alejado de su casa, donde leía folletos médicos y los informes de las jornadas científicas de la OMS. Durante el juicio, también se descubrió que visitaba compulsivamente los sex shops y las casas de masaje de Ginebra.

Muchas veces, llegaba hasta la sede de la OMS, en Ginebra. ¿Qué hacía allí? Entraba al edificio con una credencial de visitante y caminaba por las áreas abiertas al público. Durante su exploración, tomaba cualquier elemento que tuviera el emblema de la organización. Así, reunió muchos papeles con el membrete oficial y su hogar estaba lleno de revistas y documentos con el logo de la OMS. Con su credencial de visitante, también asistía regularmente a las conferencias de personalidades destacadas y referentes de varias especialidades.

A Jean-Claude le sobraba el tiempo y por eso concurría regularmente a la biblioteca de la institución donde estudiaba con dedicación cualquier tema relacionado con su falso trabajo y leía libros que trataban sobre asuntos que se abordaban en la

OMS para tener de qué hablar en las reuniones y con su familia. Asimismo, frecuentó otras bibliotecas, leyó muchos artículos científicos y adquirió un sólido conocimiento médico. Un amigo de la infancia, Thierry Devaux, recordó en el programa *Traiga al acusado*, que había invitado a cenar a una autoridad en cardiología, quien conversó con Jean-Claude y se sorprendió por su nivel de conocimientos. Dijo que «al lado de personas así, nos sentimos muy pequeños».

Por si fuera poco, para apuntalar sus mentiras, no dudó en utilizar los servicios de la OMS: mandaba cartas a conocidos desde su oficina de correos, pedía información o folletos en la agencia de viajes y concurría al banco para hacer transacciones. Además, para dar mayor credibilidad a su fachada, se hizo un sello y tarjetas de presentación a nombre del «doctor Jean-Claude Romand, ex interno de los Hospitales de París». Y estaba suscrito a las mejores revistas médicas que, al igual que los folletos y documentos públicos de la OMS, podían verse en distintos lugares de su casa.

Como los jueves, según decía, daba clases en Dijon, Jean-Claude pasaba a visitar a sus orgullosos padres, que presumían ante sus vecinos de que su importante y ocupado hijo les llamaba por teléfono todos los días y tenía tiempo para visitarles, aunque tuviera que dar un rodeo para almorzar con ellos. Como Aimé estaba casi ciego y no podía ir al bosque solo, su hijo le acompañaba guiándole del brazo, mientras él le hablaba de los árboles y de su cautiverio en Alemania.

En Clairvaux-les-Lacs todos admiraban a Jean-Claude porque, a pesar de haber prosperado tanto, seguía siendo un hombre sencillo y cariñoso con sus padres, y comentaban que había rechazado un puesto prestigioso en América para no alejarse de ellos. Un día, Aimé y Anne-Marie recibieron una postal de la sede de la OMS en la que su hijo había dibujado una cruz en una ventana del tercer piso donde supuestamente estaba su despacho.

Como quedaría al descubierto años después, Jean-Claude no descuidaba ningún aspecto y, para cubrir su mentira, prohibía a todos sus conocidos que le llamasen al trabajo. Les dio el número de un servicio de mensajes donde debían dejar su recado para que él les contactara luego.

Claro que había algunas llamadas más difíciles de evitar. Cualquier esposa llama a su marido a su trabajo, sea por una emergencia, para saber cómo está, para preguntarle cómo le fue en una reunión o para comentarle algo ocurrido en el hogar. Es lo normal. Para evitarlo, Jean-Claude le dijo a Florence que siempre estaba muy ocupado y en distintos lugares del edificio. Por eso, le compró un Alphapage —un aparato de radiomensajes— y le dijo que, si necesitaba algo, le enviara un recado allí.

Ideó un código para que ella le contactase: debía mandar un número del uno al nueve según la urgencia del asunto. Inmediatamente, Jean-Claude le devolvía la llamada desde cualquier cabina telefónica de la región por donde vagar ese día. A Florence nunca se le ocurrió la idea de llamarlo a la OMS. Ni una sola vez.

Un domingo, toda la familia fue a pasar el día a Suiza y los niños se empeñaron en ver «la oficina de papá», y él aceptó. Se desvío de la ruta para detenerse en el aparcamiento de la OMS: desde allí les señaló una ventana del tercer piso y todos regresaron a Francia muy contentos.

En 1987, cuando nació Antoine, Jean-Claude trajo regalos de sus jefes en la OMS para el pequeño y, a partir de esa fecha, todos los cumpleaños llegaban presentes de ellos para sus hijos. Florence les escribió cartas de agradecimiento que su esposo aseguraba entregar.

Viaje a ninguna parte

¿Qué hacía Jean-Claude cuando, como investigador reconocido, debía viajar al extranjero? Simplemente, anunciaba a su

Sede de la Organización Mundial de la Salud (OMS) en Ginebra, Suiza, distante a solo unos 12 kilómetros de la ciudad donde vivía Jean-Claude Romand. Cada mañana, después de dejar a sus hijos en la escuela, supuestamente se dirigía hacia allí y regresaba por la tarde luego de su trabajo. Pero, en realidad, sus días transcurrían de un modo muy distinto.

esposa que se ausentaría por unos días. Florence le llevaba hasta la puerta de la terminal aérea, se despedían y regresaba a la casa. El viaje comenzaba y acababa en el aeropuerto de Ginebra-Cointrin, porque Jean-Claude buscaba un hotel próximo para pasar allí varios días.

Se registraba y se encerraba en su cuarto donde leía revistas médicas, dormía, miraba televisión y estudiaba los mapas y las guías turísticas de los supuestos destinos a donde había ido, para luego contarle a su familia cosas de los sitios que fingidamente había visitado. Atento a todos los detalles, telefoneaba a diario a Florence para comentarle sobre el estado del tiempo o lo que estaba haciendo y preguntarle cómo estaba la familia.

Cuando llegaba la fecha de regresar, volvía al aeropuerto y allí compraba regalos y recuerdos para sus hijos, quienes suponían que los había traído de las ciudades que visitaba. Entraba en la casa y todos celebraban su regreso, dándole tiempo para que se recuperara de su *jet lag*. Jean-Claude no dejaba nada librado al azar.

A medida que pasaban los años, Jean-Claude iba incrementando y adornando sus historias. Afirmaba conocer a muchos médicos respetados con quienes salía a almorzar o a jugar al golf, pero nunca les invitaba a su casa ni se los presentaba a su esposa, con el argumento de que prefería mantener separada su vida privada de la profesional.

Florence nunca desconfió de él, simplemente creía que su marido era un hombre muy cerrado en sí mismo. Con esa excusa justificaba no conocer a sus colegas de la OMS. Una vez, le comentó a su amiga Catherine que le había propuesto organizar una cena con ellos, pero él le respondió que eran viejos y muy aburridos, y que no deseaba exponerla a una frustración. Con ese argumento parecía que la cuidaba, recordó Catherine. Según Florence, su marido tenía un «lado oso» y en 1992, bromeó entre amigos sobre que no se sorprendería si un día descubriera que era un espía del Este...

Jean-Claude siempre tomaba la delantera con su ambigüedad, sus mentiras y sus silencios, lo que generó o dio origen a ese «aura» que le rodeaba y que fue creciendo a su alrededor sin que él mismo lo alimentara directamente. Se aprovechó de esta situación y se mostraba discreto, lo que constituía otra forma de alimentar el mito.

¿Cómo logró Jean-Claude disimular que no era médico? Para evitar que alguien le pidiera que le revisara o hiciera un diagnóstico, decía que se negaba a atender a sus familiares y amigos, como muchos doctores verdaderos, para no confundir lo profesional con lo afectivo. A lo largo de esos años, no trató a nadie, porque por otra parte se había inventado una identidad como investigador.

Jean-Claude se consideraba a sí mismo un buen fabricante de realidades. El montaje era perfecto y había sido cuidadosamente planeado y ejecutado. En este punto, Jean-Claude no era un mentiroso cualquiera, sino un eximio embustero. Mentir se había convertido en un hábito cotidiano, en una forma de vivir y de relacionarse. Engañaba sin fisuras ni ambigüedades. Y nadie, ni sus conocidos, ni sus padres, ni su propia familia sabían quién era en realidad, a qué se dedicaba o cómo pasaba cada uno de los días de su vida...

Capítulo 5

EL GRAN EMBAUCADOR

«**Él no se engaña. Cuando las historias de dinero lo alcanzan, sabe que el castillo de naipes se derrumbará.**»
JEAN-FRANÇOIS IMPINI, director de la Sección de Investigación de Lyon.

Solo Jean-Claude Romand sabía que todo era una fachada y que detrás de ella no había nada, salvo mentiras. Sin embargo, el tren de vida que llevaba la familia de este supuesto médico, al que todos consideraban un padre y marido ejemplar, era real y demandaba gastos excesivos.

En los años 90, la familia vivía en una gran casa de un barrio distinguido, tenía un BMW siempre último modelo, iba a restaurantes caros y no se privaba de pasar las vacaciones en Francia y en el extranjero; además, los hijos concurrían a la mejor escuela privada de la zona. La investigación de los asesinatos, dirigida por la jueza Yvette Vilvert, reveló que la familia había gastado más de 60.000 francos por mes durante varios años. En la hoja de impuestos de la pareja solo estaba registrado el salario de Florence, que provenía de sus suplencias en la farmacia. Jean-Claude no declaraba ingresos y en actividad profesional escribía: estudiante. Esto no llamaba la atención, porque los impuestos de los sueldos de los funcionarios internacionales de la OMS se deducían directamente en la organización.

Tener un trabajo imaginario implica cobrar dinero imaginario... Entonces, surgen preguntas inquietantes: ¿de qué vivían los Romand si Jean-Claude no trabajaba?, ¿cómo podía mantener semejante nivel de vida?, ¿de dónde provenía el dinero?

Al comienzo, como dijimos, su principal fuente de ingresos eran sus propios padres. Ellos le mantuvieron durante años, mientras fingía estudiar y realizar la residencia médica; su generosidad era incuestionable a la hora de apoyar a ese hijo único que les hacía sentir tan orgullosos. Por eso le compraron un estudio en Lyon y un automóvil. En 1986, año del supuesto ingreso en la OMS, Jean-Claude vendió el apartamento y, con ese dinero, sufragó los gastos de su familia durante un tiempo.

Sus padres también le habían dado una procuración para acceder a sus cuentas bancarias. Como era único hijo, ante cualquier eventualidad, estaba autorizado para hacer y deshacer según su buen criterio, del que nadie dudada. Y como él consideraba que ese dinero era tanto de sus padres como suyo, periódicamente retiraba sumas que no llamaran mucho la atención y que pudiera justificar si le preguntaban, pero para 1993 ya había vaciado las cuentas.

Como el dinero de la venta del apartamento de Lyon se le estaba acabando, necesitó encontrar una solución y recurrió a la que mejor conocía: el engaño. Como buen mitómano, Jean-Claude contaba con recursos para lograr sus fines e ideó un par de estafas que le sirvieron para financiar su vida y estatus social.

En primer lugar, les aseguró a todos que como funcionario internacional tenía acceso a inversiones extremadamente ventajosas y que sus conexiones laborales le permitían depositar dinero en la banca suiza, obtener una rentabilidad del 18% anual y evitar al fisco francés.

Con un discurso de hombre razonable, se aprovechó del respeto y admiración que despertaba su posición como investigador en la OMS y tentó subrepticiamente a sus padres, a su familia política y amigos para invertir en bancos suizos con amplios márgenes de ganancias. El dinero que le entregaron, despreocupada y confiadamente, fue suficiente para no pasar apuros económicos a lo largo de varios años.

Sus padres agradecían a su hijo por gestionar su cartera de jubilados, pese a sus infinitas ocupaciones. Su tío Claude le había confiado miles de francos, convencido de que le reportarían diez veces más, a condición de que no los tocase, según le había aclarado su sobrino. Era el único que no le profesaba admiración ciega y de tanto en tanto se burlaba de él, de sus libros, y le daba empellones que le turbaban. También era el único que de vez en cuando le preguntaba por sus inversiones.

Entonces, a su reputación de investigador exitoso, se le sumó la de «experto financiero». Los hermanos de Florence, Emmanuel y Jean-Noël, le dieron 15.000 francos cada uno. El año que nació Antoine, su suegro se jubiló y llegó a un acuerdo con la empresa de óptica donde trabajaba, que le valió una prima de casi 400.000 francos. Jean-Claude aceptó invertirlos en la UOB (United Overseas Bank), banco ginebrino con sede en el Quai Des Bergues. No se depositó en una cuenta a nombre de Crolet sino en la de Jean-Claude porque, aseguraba, que solo su estatus de funcionario internacional le permitía hacer esa transacción. El nombre de Pierre Crolet no figuraba en ningún lado.

De manera similar, familiares y amigos le confiaron sus ahorros sin exigirle un solo papel legal; nunca contaron con un documento bancario que atestiguara el depósito del capital o el interés acumulado. Tenían plena confianza en Jean-Claude y estaban convencidos de que el dinero «trabajaba» silenciosamente en una cuenta en Suiza. Entre 1985 y 1993, el producto de sus engaños le generó ganancias por casi tres millones de francos, es decir, unos 450.000 euros. Estas importantes sumas de dinero que ingresaban a su cuenta de manera irregular y sin explicaciones, llamaron la atención de los investigadores tras los asesinatos y generaron muchas especulaciones y teorías en los periódicos.

Además, pergeñó otra fuente de ingresos a partir de una estafa que puso en funcionamiento cuando se enteró de que al tío de su esposa le habían diagnosticado cáncer. Apelando a su fama de respetable investigador de la OMS, le comunicó a la familia que unos científicos estaban trabajando en un tratamiento para curar el cáncer y que era una investigación aún confidencial, sin difusión pública. Les aseguró que él podría acceder a los remedios oncológicos que estaban en fase de experimentación y conseguirlos bajo estricto secreto. Claro que esto era muy costoso. Según Romand, las pastillas «milagrosas» estaban elaboradas con células madre de embriones, que vendió a 15.000 francos la píldora. En realidad, solo era un placebo, es decir, una sustancia neutra que produce efectos positivos en el enfermo solo si este cree con firmeza en su poder curativo.

Con una calma fría y desconcertante, entregó la fraudulenta medicina al tío de Florence y le embaucó por 60.000 francos. Como era de esperar, el hombre falleció tiempo después. Otros enfermos, desesperados por curarse, también le creyeron y pagaron grandes sumas de dinero por el placebo. «Siempre estaba tranquilo, lo controlaba todo. Era casi un pequeño ejemplo para mí», aseguró Thierry Devaux, el amigo de Jean-Claude en el programa *Traiga al acusado*.

Una muerte oportuna

En septiembre de 1988, Pierre Crolet le dijo a Jean-Claude Romand que deseaba retirar parte del capital que le había entregado para invertir. Pero el «experto en inversiones» no tenía el dinero y se sintió acorralado. Un mes más tarde, cuando estaban los dos solos en la casa de sus suegros —algunas versiones los ubican en el granero—, Crolet volvió sobre el tema con más firmeza y solo consiguió caer por la escalera y morir por causa del golpe. Solo había un testigo de lo ocurrido: Jean-Claude Romand.

Para el coronel Jean–François Impini, quien investigó los crímenes, Jean-Claude Romand eliminó los ojos de las personas que habrían visto quién era realmente una vez descubierto. Asimismo, creía que el juicio de 1996 no logró desentrañar quién era de verdad el asesino.

La policía consideró lo ocurrido como un accidente y no sospechó que la mano del querido yerno estuviese tras esa muerte. Pero después de los asesinatos de 1993, las sospechas recayeron sobre él y en 1996, también fue acusado de asesinar a su suegro. «Las circunstancias del accidente le pusieron una presunción bastante seria —recuerda Jean-François Impini, director de la Sección de Investigación de Lyon—, pero sin nada disponible para ir más allá». Durante el juicio, Romand negó haber matado a su suegro, pero nadie le creyó.

Aunque nunca se comprobó que Jean-Claude fuera el responsable, la muerte de Pierre Crolet fue extremadamente conveniente para él porque ya no le reclamaría la suma invertida. Como si fuese parte de sus planes, su suegra, sumida en la depresión, decidió vender una casa de campo y le pidió a su yerno que hiciera los arreglos pertinentes e invirtiese el dinero de la venta. Uno de sus cuñados dijo en una entrevista para la televisión que, en ese momento, «Éramos jóvenes y estábamos abrumados por la muerte de papá, él tomó la iniciativa para hacerse cargo de todo y nosotros pensamos: "Ok, qué suerte que está Jean-Claude"». Por supuesto, este cumplió el deseo de su suegra y obtuvo 650.000 francos —casi 100.000 euros— de la venta de la propiedad, cantidad suficiente para garantizar el estilo de vida de su familia durante un tiempo más.

A Florence la muerte de su padre le había afectado mucho y con la esperanza de distraerla, Jean-Claude había decidido alquilar la casa en Prévessin-Moëns, muy cerca de Ferney-Voltaire, una vivienda más acorde con su posición social y que ella podría decorar a su gusto.

Amantes, amigos y dinero

Cuando las reservas empezaron a disminuir, Jean-Claude tuvo éxito por última vez a principios de los años 90. Por esa época, una pareja amiga se separó y él se acercó de manera amistosa a la dentista Corinne Delalande, por la que se sentía muy atraído, y quien se había ido a vivir a París. Ella aceptó complacida su compañía, porque la mayoría de sus amistades le habían abandonado.

Un día Jean-Claude reunió valor y le confesó su auténtico interés. A Corinne la conmovió su tono de súplica y le rechazó delicadamente, porque no sentía ninguna atracción física por él. Esto causó al repentino pretendiente un estado depresivo similar al que había padecido en su segundo año de Medicina, cuando Florence terminó el noviazgo.

Al día siguiente, Jean-Claude la llamó por teléfono para disculparse y le envió un anillo de oro con una esmeralda y pequeños diamantes que había comprado en la joyería Victoroff, por 19.200 francos. Corinne le dijo que no podía aceptarlo, pero ante su insistencia, finalmente se lo quedó.

Esa primavera, Jean-Claude empezó a viajar a París un día a la semana debido a que, según le decía a su familia, participaba de un experimento en el Instituto Pasteur. Llegaba desde Ginebra en el vuelo de las doce y quince del mediodía, se alojaba en el hotel Le Royal Monceau o en el Concorde La Fayette y por la noche invitaba a Corinne a cenar en lujosos restaurantes. El romance lo sacó de la depresión.

Mientras tanto, Florence decoraba la casa con un estilo cálido y sin ostentaciones: parquizó el jardín y allí colocó un columpio para los niños. Jean-Claude, con mucha generosidad y sin hacerle preguntas, firmaba los cheques para su esposa, quien no sabía que el dinero provenía de la venta de la casa de su madre.

En el verano de 1991, Luc Ladmiral advirtió que su amigo había adelgazado. Estaba rejuvenecido, ya no usaba su chaqueta de tweed ni su pantalón de pana y vestía un traje de buen corte que costaba muchos francos. Una noche, seguidamente a un ataque de angustia, Jean-Claude le confesó a su amigo que tenía una amante. Luc no podía creer que estuviera traicionando a Florence. Romand le dijo que todo esto pasaba «por no haber hecho disparates a los 20 años»; pero a Jean-Claude no parecían afectarle los reproches de Luc y a pesar de su angustia traslucía cierto orgullo por su aventura.

A mediados de agosto, Jean-Claude y Corinne pasaron tres días en Roma y, antes de regresar, ella le dijo que no le amaba porque era un hombre demasiado triste. «Demasiado triste», dirían textualmente ambos en el juicio. Él lloró y suplicó, pero lo único que logró fue que Corinne aceptara verlo solamente como amigo.

A comienzos del otoño, Jean-Claude le dijo a su amigo Luc Admiral que el linfoma se había transformado en la enfermedad de Hodgkin, por lo que requería de mayores tratamientos. Vestía el mismo traje que el día que le había confesado que tenía una amante, pero ahora tenía la apariencia de un hombre gastado y envejecido. La pasión y el rechazo le habían devastado y Luc —que había insistido en que abandonara esa aventura— sintió piedad por su amigo, a quien suponía con el cuerpo enfermo y el alma triste por la separación de Corinne.

Jean-Claude también le comentó a Luc que Florence sabía de su enfermedad, pero que habían decidido actuar como si no pasara nada para no ensombrecer el hogar. Ella quería acompañarlo a París, donde lo trataba el profesor León Schwartzenberg —dato que asombró a Luc ya que no era habitual que un médico tan célebre como este oncólogo francés atendiese enfermos—, pero Jean-Claude se negó a que su esposa le acompañara. No quería molestar a nadie, combatiría el cáncer solo y deseaba que todos respetaran su decisión.

A partir de ese momento, Jean-Claude "dejó de ir a trabajar" y se encerró en la casa. Cuando Florence llevaba a sus hijos al colegio, llamaba a Corinne y le hablaba de su depresión y de su enfermedad, y así fue como empezaron a conversar nuevamente. Ella le contaba sobre sus preocupaciones, sus hijas, su soledad... y él le daba consejos. En diciembre volvió a visitarla en París y retomaron la relación: las cenas, las salidas, los regalos. Después de Año Nuevo, pasaron cinco días en San Petersburgo (Rusia).

Al regresar, Corinne insistió en que siguieran el vínculo solo como amigos y él continuó llamándola por teléfono. En una de esas charlas, ella le pidió consejo: se había vendido un apartamento que tenía con su exmarido y cobraría 900.000 francos —unos 137.000 euros—. No sabía qué hacer con el dinero, pero Jean-Claude enseguida le aconsejó invertirlo en el UOB de Ginebra, con una tasa del 18% anual. Entonces, tomó un avión a París, acompañó a Corinne al banco, donde ella retiró su dinero en efectivo y él volvió a subir al avión con un maletín cargado de billetes sin entregarle ningún recibo a cambio.

El castillo de naipes tambalea

La megalomanía de Jean-Claude le había llevado a inventar mentiras cada vez más grotescas y gastar cada vez más y más dinero para mantener el estándar de vida familiar; pero a esta altura sus deudas se incrementaban y pronto el banco comenzaría a rechazar sus sobregiros por falta de fondos disponibles.

Un par de meses antes de la tragedia, Corinne —alertada por su mejor amiga sobre la falta de garantías escritas—, le dijo a Jean-Claude que deseaba recuperar su dinero. Como respuesta, primero quiso enredarla con sus mentiras y le habló sobre plazos y tecnicismos bancarios, pero no le dio resultado, porque Corinne continuó insistiendo.

Entonces, jugó con sus sentimientos. Intentó ablandarla recurriendo a su falso cáncer, pero ella insistía en recuperar su dinero. Su mejor amiga no dejaba de repetirle a Corinne que había confiado todo lo que tenía, sin garantía, sin papeles y sin nada a un hombre enfermo de cáncer en fase terminal. ¿Si él se moría, quién le devolvería lo suyo si la cuenta en Suiza estaba a nombre de Jean-Claude Romand?

Entonces Jean-Claude repitió su viejo truco de magia: desapareció. Dejó de responder los mensajes apremiantes que Corinne le dejaba en el servicio de mensajería y ella comenzó a insistir cada vez más, hasta que Romand no tuvo otra opción que responderle. Simplemente, le dijo que no se había comunicado con ella porque había sido hospitalizado y estaba muy fatigado por las sesiones de radioterapia. Pero la excusa ya no resultaba suficiente para la angustiada Corinne, quien en diciembre de 1992 le dio un ultimátum. Quería su dinero y Jean-Claude ya no podría escapar.

Al parecer, a finales de ese año otras víctimas de sus fraudes, por distintas razones, también comenzaron a pedirle que les reintegrara lo invertido. Su fraudulenta vida se desmoronaba: le acorralaban varios acreedores, las finanzas estaban en rojo, su examante dudaba de él y su doble vida estaba a punto de desplomarse.

Por si fuera poco, en los últimos meses de 1992, Florence empezó a sospechar. Algo no cuadraba en lo que su marido decía. Dos comentarios pusieron al desnudo sus embustes. Un día, a la salida de la escuela, una mujer cuyo esposo trabajaba en la OMS le comentó que pensaba llevar a su hija a ver el árbol de Navidad del personal y quería saber si Antoine y Caroline también irían a la celebración. Florence empalideció, sus hijos nunca habían ido y murmuró: «Esta vez sí tengo que enfadarme con mi marido».

Por otra parte, justo antes de las vacaciones de Navidad, el presidente de la junta escolar quiso hablar con Jean-Claude y le pidió a su secretaria que buscara su número en la guía de la OMS. Ella no lo encontró y, como no era urgente, su jefe le dijo que lo dejara pendiente. Al regresar de las vacaciones, se encontró con Florence y se lo comentó intrigado, sin dudas ni malicia alguna. Amablemente, ella respondió que era raro, y que se lo diría a su marido, pero no llegó a hacerlo porque una semana más tarde estaba muerta. En esos últimos días de su vida, Florence dudaba sobre la credibilidad de su marido. ¿Le interrogó?, ¿le desenmascaró? Jean-Claude nunca lo dijo.

En cambio, sí se sabe que los Romand participaron del ambiente festivo que reinaba en la familia de los Crolet durante las celebraciones navideñas de 1992. Emmanuel, hermano de Florence, contactado por Franceinfo, recordó que su cuñado «no tenía la misma presencia de siempre» y que al día siguiente su esposa le comentó que había visto muy triste a Florence.

En ese momento, Jean-Claude le debía dinero a su familia, a la de su mujer, a algunos amigos y a Corinne... Ya no quedaba nadie a quien estafar ni enfermo a quien engañar para seguir obteniendo ingresos, y comprendió que estaba perdido. «No se engaña —subrayó el investigador Jean-François Impini— cuando las historias de dinero le alcanzan, él sabe que el castillo de naipes se derrumbará».

El 8 de enero de 1993, su madre le llamó por teléfono angustiada y le dijo que le había llegado una notificación del banco en la que le informaban de un sobregiro de 40.000 francos en su cuenta. Su hijo le respondió que no se preocupara, que él se encargaría de todo.

Esa misma noche, antes de que se descubriera toda la verdad y frente al temor de decepcionar a los suyos, Jean-Claude Romand, supuesto médico e investigador de la OMS próximo a cumplir 40 años, llegó a su casa decidido a poner punto final a su historia.

Capítulo 6

AL FIN, LA VERDAD

«Soy un monstruo (…) y estoy condenado a vivir.»

JEAN-CLAUDE ROMAND,
al ser interrogado en 1993.

Después de matar a su esposa, a sus hijos, a sus padres y de incendiar la casa, Jean-Claude Romand estaba internado y en coma. Como dijimos, pocas horas después del incendio, la policía encontró una nota que le inculpaba en su BMW, aunque no aclaraba el motivo que le había llevado a cometer tan horribles crímenes.

La nota misteriosa era entonces como la punta de un iceberg. Al realizar las primeras investigaciones, la Gendarmería descubrió lo impensable: Jean-Claude Romand no era médico ni trabajaba en la OMS. En efecto, uno de los gendarmes telefoneó a las oficinas de Ginebra y pidió hablar con alguien que trabajase con el doctor Romand, pero la telefonista no conocía al mencionado funcionario. Ante la insistencia de su interlocutor, se comunicó con el director de personal, quien consultó sus registros y lo confirmó: ningún doctor Romand trabajaba allí.

Bastaron unas pocas llamadas más para desenmascararle. Romand tampoco figuraba inscrito en el colegio de médicos y su nombre no estaba en las listas de los hospitales de París, donde se suponía había sido médico residente, ni tampoco se había recibido nunca en la Facultad de Medicina de Lyon. Estas verdades supusieron un profundo *shock* para quienes ya vivían una pesadilla.

Emmanuel Crolet, hermano de Florence, tuvo que ir a la Gendarmería, donde un oficial le puso al tanto de las investigaciones. No podía creer lo que escuchaba: «Te dices a ti mismo, se están burlando de mí. No le conocen como yo le conozco».

La examante y amiga de Romand, Corinne, se enteró de la masacre por las noticias y comprendió que se había salvado milagrosamente de ser la sexta víctima, así que inmediatamente llamó a la policía. Jean-Claude nunca dijo por qué tuvo piedad con ella, pero posiblemente se salvó porque no tenía el rifle consigo, o porque asesinar a una persona con las propias manos es bastante más duro que dispararle... El testimonio de Corinne sobre lo ocurrido el sábado por la noche dejó pasmados a los gendarmes que telefonearon a Kouchner, el ministro de Salud y supuesto amigo de Jean-Claude, quien negó conocerle y tener una casa en Fontainebleau.

Luc Ladmiral dijo a los médicos y a los gendarmes que Jean-Claude padecía de cáncer y que era atendido en París por el profesor Schwartzenberg. Los gendarmes comprobaron que el médico jamás había tenido contacto con Romand, y la investigación puso en evidencia que en ninguno de los servicios de oncología de los hospitales franceses había una historia clínica a nombre de Jean-Claude Romand.

El suplente del fiscal, Jean-Yves Coquillat, apenas se interiorizó del caso, declaró a los periodistas que por el primer examen de los saldos bancarios «esperaba cualquier cosa». Sugirió que el móvil de los asesinatos había sido «el temor del falso médico a verse desenmascarado» y, también, estar vinculado con organizaciones criminales.

Sus palabras abrieron un abanico de especulaciones y estimularon la imaginación de los periodistas que publicaron artículos donde se le involucraba con tráfico de armas, de divisas, de órganos, de estupefacientes... Sin muchas pruebas, también le asociaron con la mafia rusa que actuaba dentro del exbloque de países socialistas.

El 24 de febrero de 1993, *Le Dauphiné libéré* publicó una nota titulada «Una larga mentira», en la que se relacionaba a Romand con Megabur, una entidad que ofrecía a los incautos incrementar su capital mediante un negocio en Japón gestionado a través de la banca suiza. En 1992, el engaño se descubrió y el escándalo fue mayúsculo, había cientos de damnificados. El diario comentaba que, curiosamente, la filial de Megabur estaba en Saint Laurent-la-Roche, a 20 km de Clairvaux-les-Lac y confirmaba que el responsable, Christophe Bouvet —en ese momento fugitivo—, sí conocía a Romand, lo que permitía suponer que podían ser socios en el fraude. Aseguraban que los investigadores no habían negado esa coincidencia: dos estafadores de envergadura perdidos en un rincón de la región del Jura se conocían.

Cada día la investigación aportaba una nueva revelación y la prensa estaba ávida de novedades para alimentar el morbo y las ventas. El caso sacudió a la opinión pública por la cantidad de víctimas y la personalidad del asesino. ¿Quién demonios era Jean-Claude Romand, un espía, un traficante de secretos científicos o de armas? «Tal vez —pensaban sus amigos—, no sería tan extraño, él era tan hermético y viajaba tanto...».

Sin embargo, el que fuera traficante o ladrón no le convertía de ninguna manera en un asesino capaz de matar a toda su familia, él les amaba. Seguramente, otros les habían matado y habían falsificado pruebas para endosarle los crímenes a Jean-Claude; incluso habían destruido huellas de su pasado. Todo era posible para su entorno, hasta las teorías más descabelladas; todo menos que Jean-Claude fuera de verdad un asesino.

En esos primeros días de enero, Luc Ladmiral no podía creer que el padrino de su hija y su amigo más cercano hubiese cometido esos crímenes. Lo primero que pensaron él y su mujer fue que se trataba de una maquinación, en la que la mafia rusa y el espionaje se mezclaban con el tráfico de armas. Jean-Claude viajaba mucho —luego se enteró de que jamás salía del aeropuerto— y en 1992 había estado en San Petersburgo, de donde le había traído a su ahijada unas muñecas rusas. En un acceso de paranoia, se preguntaron con su esposa si esas muñecas no ocultarían documentos comprometedores, un microfilm o un microprocesador, y si no sería aquello lo que los asesinos buscaron en vano en Prévessin-Moëns y Clairvaux-le-Lac.

Cuando se supo que Corinne le había entregado 900.000 francos para invertirlos en Suiza y se le pudo asociar con el último gran depósito de su cuenta bancaria, los investigadores comprendieron que él la había estafado. También descubrieron que otros familiares le habían entregado asimismo importantes sumas de dinero para que las «invirtiera». Concluyeron entonces que no se trataba de espionaje ni de mafia, ni de un «misterioso tráfico» de lo que fuera, sino que todo el asunto se reducía a una vulgar estafa. Quienes le habían dado sus ahorros comprendieron estupefactos que habían sido timados. Sus allegados creyeron entonces estar viviendo una verdadera película de terror.

A medida que se avanzaba en las pesquisas, aumentaban las sorpresas y el desconcierto: Jean-Claude jamás había tenido contacto alguno con la investigación de una vacuna contra el cáncer, y quienes confiadamente le habían comprado las pastillas «milagrosas» a precios desorbitantes estaban pasmados, indignados y furiosos.

La investigación

El 11 de enero de 1993, tras quedar dominado el incendio en la casa de los Romand, los cuerpos carbonizados de Florence, Caroline

En la madrugada del 11 de enero de 1993, luego del incendio, los cuerpos de Florence, Caroline y Antoine fueron llevados para su análisis forense al Instituto de Bourgen-Bresse. Aunque estaban carbonizados, el médico descubrió que el cráneo de la mujer había sido destrozado a golpes y sus hijos, asesinados con un arma calibre 22, el mismo que aparecería en los cuerpos de los padres.

y Antoine fueron llevaron al Instituto Médico Legal de Bourg-en-Bresse. Allí el médico forense rápidamente descubrió que el cráneo fracturado de Florence había sido destrozado a golpes y que Caroline y Antoine habían sido asesinados por un arma calibre 22. Más tarde, el informe de criminalística determinó que las heridas eran idénticas a las que presentaban los padres de Jean-Claude: un rifle de idéntico calibre, la misma arma.

Entonces se unificaron las dos investigaciones que se habían iniciado por separado, ya que correspondían a distritos diferentes. Una primera hipótesis indicaba la posibilidad de un suicidio colectivo y un incendio para cubrirlo —las pericias habían señalado rastros de combustible en el altillo, la escalera, los dormitorios y los cuerpos—, pero los investigadores no se apresuraron, continuaron sumando las nuevas evidencias y analizando el caso con más detalle.

¿Accidente banal?, ¿injusticia?, se preguntaban amigos, vecinos y padres del colegio, porque varios de ellos, eran la «buena gente». Como en la nota manuscrita encontrada en su BMW Jean-Claude le pedía perdón a la junta escolar de Saint-Vincent, la policía entrevistó a padres del colegio. Tuvieron que dar una versión detallada del conflicto que en 1992 había generado el romance del director con una maestra. Los miembros de la junta estaban asustados: admitían que habían discutido y tal vez alguien habló de darle unas trompadas a Jean-Claude que defendía al director, pero nadie podía creer que aquella pelea se relacionara con el asesinato de toda una familia. Todo era muy ambiguo y se desestimó esa línea de investigación; pero el miedo y el disgusto que pasó la «buena gente» fue real.

Prepararse para el final
Al reconstruir los hechos, se pudo comprobar que los días previos al drama, las acciones de Jean-Claude anticipaban su deseo: terminar con todo.

El 5 de enero compró barbitúricos en la farmacia y al día siguiente, en Lyon, adquirió un aparato eléctrico para neutralizar a un atacante, además de gas lacrimógeno, una caja de cartuchos y un silenciador para un rifle calibre 22, con el pedido al empleado de que lo envolviera para regalo. Además, había retirado 2.000 francos del banco y le había solicitado prestado el rifle a su padre.

En la escena del incendio, aquella madrugada, el coronel Jean-François Impini notó elementos que «no encajaban»: el cráneo fracturado de Florence no podía ser producto de una viga caída, del lado interno de la puerta del dormitorio había trapos que bloqueaban el ingreso del humo, el incendio se había iniciado en el altillo... Más tarde, los investigadores descubrieron que el viernes 8 de enero Jean-Claude había comprado en una estación de servicio dos bidones que llenó con gasolina. «Este elemento ha terminado de convencernos de la premeditación», dijo a los medios Jean-François Impini.

Una conversación con los médicos les hizo dudar si la sobredosis ingerida era fatal y empezaron a creer que solo había tomado los barbitúricos para crear la apariencia de un suicidio. Además, la cronología de los hechos señalaba que por la hora aproximada en que había prendido fuego la casa, la ingesta de los barbitúricos y la llegada de los bomberos, había tiempo para rescatarle.

Finalmente, todas las mentiras salieron a la luz. Nadie de su círculo de conocidos podía creer que el atento Jean-Claude, el mismo que cuidaba y amaba tanto a su familia, hubiera sido capaz de asesinar a su mujer y a sus dos hijos pequeños, además de mentir sobre todos los aspectos de su vida. Pero las pruebas no dejaban lugar a dudas.

La red de engaños cuidadosamente tejida durante décadas también había sido alcanzada por el fuego y ahora volaba convertida en milimétricas cenizas ante los ojos de sus conocidos, quienes primero se mostraron incrédulos, luego abrumados y finalmente indignados y luctuosos.

Manotazos de ahogado

Una semana después del incendio, al despertar del coma y recuperar la conciencia, Jean-Claude se negó a hablar con los gendarmes. Algunos creyeron que aún se encontraba en estado de *shock*, pero la verdad era otra: simplemente no podía enfrentar la realidad.

El juez de instrucción de Bourg-en-Bresse, Christophe Barret, a cargo del caso, junto con el procurador y el comandante de la Sección de Investigaciones de la Gendarmería de Lyon, le visitaron en el hospital para notificarle que estaba inculpado por los asesinatos de Florence, Caroline y Antoine Romand, el parricidio de Aimé y Anne-Marie Romand así como por el intento de asesinato de Corinne Delalande y el incendio intencional de su casa. Pero no le interrogaron en ese momento, no tenían jurisdicción en ese hospital. Su abogado, Jacques Frémiont, de Bourg-en-Bresse, también le visitó.

Las autoridades francesas emitieron una orden de extradición y comenzaron los trámites legales entre los dos países, mientras Romand fue trasladado al hospital Jules Courmont, donde la policía de Lyon podía custodiarle. El establecimiento fue testigo de los interrogatorios que le realizaron el juez Barret y Jean-Ives Coquillat, con su abogado, Jacques Frémiont, también presente.

La jornada del 23 de enero fue extensa y agotadora, empezaron a las diez y media de la mañana y concluyeron a las seis de la tarde. Jean-Claude primero negó todo y cuando el juez le acusó de asesinar a sus padres, se indignó: «Uno no mata a su padre y a su madre, es el segundo mandamiento de Dios».

Cuando los investigadores le demostraron que no era ni médico ni investigador de la OMS, dijo que trabajaba como asesor científico en la sociedad South Arab United, en el Quai des Bergues, en Ginebra. Mandaron a comprobarlo y descubrieron que era otra mentira; entonces él lo admitió y al instante inventó otra cosa, siempre alejándose de la verdad.

Durante las extenuantes horas de interrogatorio, luchó contra cada una de las pruebas y trató de desbaratarlas con artimañas; le resultaba imposible desprenderse del personaje que había interpretado durante tantos años. Finalmente, su abogado le dio a entender que ese tipo de defensa le perjudicaba. En ese momento, pasados ya 15 días del incendio y asesinato de su familia, y después de casi ocho horas de interrogatorio, Jean-Claude Romand finalmente se quebró y confesó todo.

«Soy un monstruo», admitió ante los presentes y agregó que estaba «condenado a vivir». A pedido del juez, se le asignó una custodia para evitar un nuevo intento de suicidio.

El coronel Jean-François Impini admitiría poco después que el hecho «deja recuerdos porque es atípico, pero no es complicado (...), eliminó los ojos de las personas que habrían visto quién verdaderamente era una vez expuesto. No podía soportar ser visto sin su máscara». Para él, Romand continúa siendo un misterio que el juicio de 1996 no permitió desentrañar.

Capítulo 7

RETRATO DE UN ASESINO

> «Esta realidad es tan horrible y difícil de
> soportar que tengo miedo de refugiarme en un
> nuevo mundo imaginario.»
>
> JEAN-CLAUDE ROMAND, carta a su amigo
> Luc Ladmiral.

Todos los franceses y el mundo querían saber quién era en realidad Jean-Claude Romand. La prensa publicó docenas de artículos y muchos programas de radio y televisión dedicaron extensos espacios para analizar la personalidad del asesino, sus «trastornos». Conceptos de la psiquiatría, como «mitomanía», «mitómano» y «mentiroso compulsivo» pasaron a formar parte del vocabulario habitual del público.

Algunos profesionales consultados por distintos medios consideraron que todo había girado en torno a su mitomanía y su deseo de agradar: con sus mentiras deseaba calzar en lo que suponía era el patrón perfecto, ya fuera como hijo, marido, padre o profesional modelo.

Lo que más llamó la atención fue que su vida giraba en torno a un gran engaño que le convertía en una persona solitaria y retraída, que no se sentía cómoda en situaciones sociales ni siendo el centro de atención. Su embuste no escondía otra realidad oculta.

Más bien, era la fachada de un vacío absoluto. El doctor Laurent Olivier, quien integraba la junta médica que le había evaluado y declararía en el juicio, se preguntó: «¿Podemos imaginar el vértigo de su soledad? Algo enorme de llevar. Romand se dijo a sí mismo «estamos interesados en el carácter del médico que no soy, y no en mí».

El espejo de los otros

Podría suponerse que los móviles de los crímenes fueron la vergüenza y el miedo. Ambos se adueñaron de Jean-Claude ante la inminencia de que se descubrieran las mentiras que había urdido durante 18 años. El temor a la realidad le superó.

Varios psiquiatras concluyeron que padecía un severo trastorno de la personalidad. Tal vez, las razones que le llevaron a mentir habían sido sus aprensiones infantiles, su deseo de agradar y su negación del fracaso. El respeto que recibía gracias a sus falsedades le entrampó en ellas, e hilar un embuste tras otro se transformó en un desafío y en una necesidad, como la droga para un adicto. Para otro de los especialistas que participaron del juicio, el doctor Pierre Lamothe, Jean-Claude «necesitaba que el reconocimiento de los demás le tranquilizara. Su vida solo era una sucesión de escapes hacia adelante. En su situación irreversible, una monstruosa dinámica de éxito le ayudaba».

Cuando la fachada de mentiras terminó por desplomarse debido a su propio peso, el miedo se transformó en terror y el pánico fue la fuerza que desencadenó los crímenes. Le espantaba tanto el fracaso que ni siquiera se arriesgó; fue por esta razón que no se presentó al examen de Fisiología de segundo año. Eligió evadirse de una realidad que le desagradaba o que no podía superar y tomó el atajo de la mentira.

Familia, amigos y vecinos le interesaban porque le devolvían una mirada de aprobación, de reconocimiento y aprecio. Engañaba compulsivamente porque deseaba ser querido, pero carecía de empatía; no sentía culpa, ni se inmutaba por el dolor ajeno, ni se cuestionaba las consecuencias dañinas de sus acciones.

Muchos se preguntaban, ¿qué pasó por la mente de ese ser que asesinó a las cinco personas que más amaba y por las que había mentido durante tantos años para hacerles felices? ¿Miedo al rechazo? ¿A que le dejaran de amar y admirar? Su mitomanía agravó la escisión de su personalidad y la tensión le llenó del terror de descubrir verdades desagradables.

¿Por qué no se suicidó antes que tomar la decisión de exterminar a su familia, como suelen hacer los estafadores que arruinan a sus víctimas? Seguramente, no lo hizo por cobardía, y prefirió asesinarles antes que admitir sus engaños.

Mitómano, narcisista y perverso

La «mitomanía» es un trastorno psicológico que lleva a una persona a mentir de manera compulsiva y patológica para ganar prestigio, manipular a los demás o hacer daño. El mitómano falsea la realidad, la esconde o la «maquilla» a fin de transformar un escenario que le desagrada por otro más soportable para él, sin considerar las consecuencias de sus engaños y sin tener en cuenta que, a medida que avanza en su farsa, precisará recurrir a más invenciones para apuntalar todo su andamiaje de fraudes. El éxito de sus mentiras no logra liberarle y progresivamente va quedando más prisionero y aislado en su «castillo de fantasías».

De esta manera, el mitómano soporta grandes situaciones de estrés, debido a que se ve obligado a sostener una urdimbre de irrealidades que condicionan su vida y sus relaciones sociales. En los casos más graves, al mitómano le acaba sucediendo lo que a Don Quijote: se cree sus propias fantasías, inventa un mundo alternativo donde es el héroe, donde todos le quieren, y aborrece el mundo real del que se aleja más y más cada día, hasta que llega un momento en que regresar se vuelve imposible.

En las primeras entrevistas con el equipo de psiquiatras, Jean-Claude expuso una narración perfectamente articulada de su farsa. Además, hablaba de Florence y de sus hijos sin ninguna emoción, como un viudo educado que transita un duelo sobrio y mesurado. No manifestaba turbación o dolor y no advertía que el no hacerlo era un claro síntoma para los psiquiatras. Aún recurría a las técnicas que al «doctor Romand» le habían dado éxito: calma, cortesía, granjearse la simpatía del otro y ser casi complaciente con las expectativas de su interlocutor.

Un control tan excesivo de sí mismo revelaba la presencia de graves problemas psíquicos además de mucha confusión, porque era lo suficientemente inteligente como para comprender que el abatimiento, la incoherencia, la tristeza o la depresión, incluso el dolor exteriorizado con aullidos de animal herido por lo que había hecho y por la pérdida de su familia, hubieran sido más lógicos y adecuados que esa actitud aséptica y fría.

Algo debió registrar de todo ello que le hizo comprender que ese no era el camino adecuado: era un experto en leer las reacciones de otros y adecuarse a cada situación, o tal vez haya sido asesorado. Entonces, cambió de repente su conducta y cuando le entrevistaban, sollozaba y demostraba enfáticamente su sufrimiento. Pero los evaluadores se preguntaban si realmente experimentaba esos sentimientos o simulaba y si se trataba de otro engaño. Tenían la perturbadora sensación de hablar con un autómata incapaz de sentir, pero programado para analizar los datos que recibía del exterior y adaptar su comportamiento a ellos.

Un nuevo equipo de psiquiatras relevó al primero, pero llegó al mismo diagnóstico: la novela narcisista continuaba en la cárcel y eso le permitía a Jean-Claude evitar una vez más la depresión con la que había jugado al escondite toda su vida. El prisionero tenía conciencia de que sus esfuerzos se interpretaban como una recuperación complaciente.

Jean-Claude Romand durante el juicio. Los psiquiatras Daniel Settelen y Denis Toutenu le calificaron como un «narcisista perverso». Alguien que es un actor nato, un individuo que parece generoso, inteligente, amigable, pero que esconde a un ser egoísta, mezquino, celoso, vengativo, paranoico, carente de empatía.

El informe concluye taxativo:

«Le será para siempre imposible ser percibido como auténtico, y él mismo tiene miedo de no saber nunca si lo es. Antes creíamos todo lo que decía, ahora ya no le creemos nada y él mismo no sabe qué creer porque no tiene acceso a su propia verdad, sino que la reconstruye con ayuda de las interpretaciones que le ofrecen los psiquiatras, el juez y los medios de comunicación. En la medida en que no puede decirse que se halla actualmente en un estado de sufrimiento psíquico, parece difícil imponerle un tratamiento psicoterapéutico que él no pide, y se conforma con los intercambios de realidad con una visitadora. Únicamente cabe desear que acceda, incluso al precio de una depresión melancólica de la que sigue existiendo un riesgo serio, a defensas menos sistemáticas, a un mayor grado de ambivalencia y autenticidad».

Finalmente llegaron a un diagnóstico: «trastorno narcisista de la personalidad». Pero de la evaluación psiquiátrica de Romand surgirían aún más datos interesantes.

Los psiquiatras Daniel Settelen y Denis Toutenu, que evaluaron a Jean-Claude y también testificaron en el juicio, crearon un término para describir la personalidad del mitómano que pasa de la farsa al crimen violento: «narcisista perverso». Desarrollaron su teoría en su libro *El caso Romand: criminal del narcisismo*. El narcisista perverso, dicen, es un actor nato, su actuación es sorprendente y la gama de personalidades y emociones que tiene y desarrolla es amplia y dúctil.

Esta personalidad perversa se muestra amorosa, atenta y devota porque el individuo necesita ser amado y admirado, y tener a otros completamente a su servicio. Sus víctimas ven en él a menudo a una persona fuerte y carismática que les tranquiliza. Esta es la imagen que el narcisista perverso quiere dar a las personas que utilizará para conseguir sus fines; se trata de gente generalmente honesta, amable y algo ingenua, poco críticas, lo que hace más sencillo y rápido el entablar una relación dependiente. El narcisista perverso se deleita en la ambigüedad, mientras la víctima es incapaz de dar respuestas o hacer elecciones apropiadas, ya que no puede comprender la situación.

Detrás de esa fachada generosa, inteligente y amigable se esconde una persona egoísta, mezquina, celosa, vengativa, paranoica, carente de empatía, con sentimientos de odio y agresión, y de escasa moral. Incluso puede verse a sí misma como víctima, algo que fue evidente en algunos momentos del juicio en el caso de Jean-Claude.

Por lo general, a los narcisistas perversos no se les considera psicóticos o dementes, ya que son capaces de controlar y determinar sus acciones. En los casos penales, la defensa de este tipo de acusados no puede alegar que sus facultades se encuentran alteradas o disminuidas, como quedó en evidencia en el juicio de Jean-Claude Romand. Y aunque, muchas veces el narcisista perverso no es considerado responsable de sus acciones, sí es una persona lúcida, que conoce las leyes y sabe perfectamente lo que está bien y mal, por lo que se resuelve que es consciente de lo que hace.

Sin embargo, no puede evitarlo, se entrega como un adicto a su compulsión, así que simplemente, sigue mintiendo, engañando y delinquiendo como si fuera un desafío, por diversión o por la emoción inherente al riesgo. Jean-Claude planificó minuciosamente cada una de sus mentiras y fraudes, y también el asesinato de sus seres queridos. Por lo tanto, fue responsable de sus actos y, por lo tanto, penalmente responsable de todo lo que hizo.

El caso Romand no se acaba en un enfoque jurídico; toca aspectos existenciales y nos hace reflexionar sobre la verdad y la mentira, la realidad y la fantasía, el ser y la nada, lo presente y lo ausente, el espejo inefable que muestra nuestra imagen; en fin, sobre nosotros mismos.

«Mentir parece ser inevitable a la naturaleza humana y también un importante elemento de interacción social», señala Katie Maggs, del Museo de Ciencias de Londres, que en 2010 encargó un estudio sobre la mentira. El análisis consistió en una encuesta a 3.000 personas, quienes debían contar si mentían y por qué, así como decir qué sentían al respecto.

Se llegó a la conclusión de que el británico común dice unas tres mentiras al día, lo que arroja un total nada despreciable: 1092 mentiras por año. Al preguntar a los encuestados si existen mentiras «aceptables», el 84% respondió que sí y el 71% consideró aceptable mentir para proteger o no herir los sentimientos de otra persona.

Lo cierto es que el octavo mandamiento dice, claramente «No darás falso testimonio ni mentirás». El mensaje divino llegaría a Romand poco después de sus crímenes, junto con una pronta e impecable conversión.

Experiencia religiosa

En enero de 1993, poco después de que fuera encarcelado, Jean-Claude recibió a Marie France Payen, una «acompañante espiritual» que concurría a las cárceles para hablar con los presos sobre la fe, el perdón, Dios... Payen le mostró una estampa de Jesús y, aparentemente, eso transformó la existencia de Jean-Claude, quien aseguró que al ver el rostro de Cristo había sido tocado por la gracia divina. Era católico, pero a partir de ese momento, se volvió un practicante ferviente y un asiduo asistente a la iglesia de la prisión.

Cuando los psiquiatras le examinaron cinco meses después, les explicó espontáneamente que había querido suicidarse el 1 de mayo, aniversario de su declaración de amor a Florence. Que había conseguido algo para ahorcarse, pero que esa mañana escuchó por la radio que el político socialista Pierre Bérégovoy —acusado de recibir 1.000.000 de francos de manera fraudulenta— acababa de suicidarse, por lo que consideró el mensaje como una señal para postergar su decisión. Una charla con el capellán le llevó a tomar la determinación solemne de renunciar a ese propósito.

Después de esa revelación, Jean-Claude entró en un período de rezos y meditación. Decía que había salido del laberinto de las falsas apariencias y que ahora vivía en un mundo «doloroso» pero «verdadero». Citaba palabras de Jesús, como «La verdad os hará libres», y aseguraba que ser un asesino, lo más vil que puede existir en la sociedad, era más fácil de soportar que los 20 años previos de mentiras. También decía que al afrontar la justicia de los hombres había logrado el perdón de Dios. Fue evidente que había cambiado el perfil del «investigador respetado» por el de «gran criminal redimido por la fe».

Su amigo Luc Ladmiral recibió una carta en la que Jean-Claude le hablaba del «encuentro con un capellán que me ha ayudado mucho a volver a la Verdad. Pero esta realidad es tan horrible y difícil de soportar que tengo miedo de refugiarme en un nuevo mundo imaginario y volver a perder una identidad muy precaria. El sufrimiento de haber perdido a toda mi familia y a todos mis amigos es tan grande que tengo la impresión de estar anestesiado moralmente... Gracias por vuestras plegarias. Me ayudarán a conservar la fe y a sobrellevar este duelo y esta inmensa congoja. ¡Os mando besos! ¡Os quiero!».

Capítulo 8

JUICIO Y CASTIGO

«Cuando no sé cómo saltar un obstáculo, lo elimino.»
JEAN-CLAUDE ROMAND, durante el juicio de 1996.

E l juicio a Jean-Claude Romand se realizó en la sala de audiencias del Tribunal de Justicia de Bourg-en-Bresse, capital del departamento Ain, entre el 25 de junio y el 6 de julio de 1996. Durante los días que transcurrieron en el proceso judicial, hubo momentos que se destacaron sobre otros, debido a las pruebas demoledoras, a las respuestas del acusado y a las declaraciones de los testigos.

Los presentes estaban ansiosos por ver al quíntuple asesino que había demostrado una inteligencia sorprendente para construir un enorme edificio de mentiras de larga duración, así como una capacidad de previsión de los detalles tal que pudo engañar a todos durante 18 años, y que además no había titubeado en matar a sus seres más queridos para proteger dicho andamiaje. La imaginación tejió en sus mentes la imagen de un personaje seguro, desafiante, enérgico... Pero la decepción ganaría a gran parte del público y a los medios tan pronto como el juicio comenzó.

En Francia, el acusado debe autorizar la presencia de la prensa, y Romand accedió. En la primera jornada de audiencias había más de una treintena de fotógrafos y camarógrafos de todas las cadenas de televisión. En la sala vacía estaban expuestas las pruebas de cargo en una vitrina: rifle, silenciador, gases lacrimógenos, fotos de un álbum familiar que no había sido alcanzado por el fuego. La prensa se arremolinaba alrededor de las pruebas y tomaba fotos.

Después de que el público y la familia de Florence ingresó en la sala, entró la jueza Yvette Vilvert, consejera en la Corte de Apelaciones de Lyon y presidenta del tribunal. Vestía la toga granate propia de su investidura y la escoltaba el fiscal Jean-Olivier Viout, abogado general de la Corte de Apelaciones, con su túnica negra de bordes de piel blanca, además de otros funcionarios judiciales y del jurado, compuesto por 12 ciudadanos. Ya estaban los abogados defensores, los doctores Jean-Louis Abad y Jacques Frémiont, así como el fiscal, Jean-Olivier Viout.

Entonces, por una puerta lateral, aparecieron los gendarmes, custodiando a un hombre que vestía un saco negro, un polo también negro de cuello abierto y pantalones beige. Tenía la piel pálida por el encierro, el pelo corto, y lucía muy delgado y débil. Le condujeron hasta al banco de los acusados, donde pareció hundirse. Ese hombre de andar vacilante, mirada esquiva, temeroso, que parecía perplejo y turbado por el entorno era Jean-Claude Romand.

El periodista Dominique Verdeilhan, quien siguió el juicio, recordó para Franceinfo: «Había curiosidad por ver quién era este personaje. Me impresionó la discrepancia entre la idea que teníamos de él, imaginamos una personalidad fuerte, y el descubrimiento de un hombre que carecía de "estatura"».

A la mañana siguiente, la crónica de *Le Monde* comenzaba así: «No se tiene todos los días la ocasión de ver la cara del diablo». Pero agregaba que ese «diablo» mantenía los ojos bajos sobre sus manos unidas y la voz que se oyó en la sala al responder al interrogatorio de identidad inicial era blanda, lo que sorprendió a todos. No coincidía con el retrato fantasioso de los presentes.

La madre de Florence, Janine, inmóvil, y agobiada, no despegaba sus ojos del suelo; parecía aferrarse a algo invisible para no desfallecer mientras escuchaba la lectura de las 24 páginas del informe del fiscal. Solo cuando leyeron los párrafos de la autopsia de su hija y de sus nietos, llevó el pañuelo que estrujaba con su mano crispada a su boca y suavemente empezó a temblar.

Asuntos personales

Una de las pruebas que causaron asombro fueron los extractos de la tarjeta de crédito de Romand correspondientes a 1992. Revelaban reiteradas compras de videos en sex-shops —realizadas aproximadamente dos veces al mes—, así como sesiones de masajes en el Marilyn Center y en el club Only You de Lyon. Jean-Claude dijo que al recibir un masaje tenía la impresión de existir, de poseer un cuerpo y que los vídeos pornográficos simplemente los veía, a veces, en compañía de Florence. La presidenta lo juzgó difamatorio para la memoria de la difunta: «¿Se imaginan a Florence viendo vídeos pornográficos?», exclamó, y él, bajando la cabeza, respondió con un susurro: «No, ya lo sé, pero tampoco nadie me imaginaba a mí».

El escritor Emanuelle Carrère, que cubrió el juicio para *Le Nouvel Observateur*, comenta en su libro *El adversario* que los veteranos de la prensa judicial consideraban que el acusado no era gran cosa en la cama. Tenían en cuenta la impresión que él causaba y que cada vez que se había acostado con una mujer —se referían a Florence y Corinne—, ellas habían decidido separarse con amables excusas, asegurándole que no querían perder la amistad, y que en ambos casos él había caído en una depresión.

Una testigo que también conmocionó a la audiencia pero por motivos diversos, fue la señora Milo, la maestra que había tenido el *affaire* con el director de la escuela Saint-Vincent. Habló de los «momentos difíciles» que habían vivido y del apoyo de Romand durante el escándalo escolar. Contó asimismo que luego, ya preso, el acusado le había enviado al exdirector una carta desde la prisión que la conmovió.

Ella había sido la maestra de Antoine, cuya muerte traumatizó a sus compañeritos del parvulario y hablaban de ello continuamente. Un día, les pidió que hiciesen un bonito dibujo entre todos «para dar valor a una persona en apuros», sin decirles que esa persona era el padre y asesino de Antoine, y se la envió en nombre de todos. La respuesta de Jean-Claude fue efusiva, y ella la leyó en clase.

El abogado defensor Jean-Louis Abad hundió la cabeza en su expediente y el fiscal movió la suya con aire reprobatorio. La testigo presintió el clima tenso y decidió que lo mejor era callarse. A continuación, la presidenta le preguntó si había visitado a Romand en la cárcel y entablado una relación amorosa con él. Milo minimizó el tema, pero la presidenta insistió en que los carceleros habían dejado constancia de la presencia de «abrazos voluptuosos» en la sala de visitas. La maestra nuevamente restó importancia al asunto. Entonces la presidenta del tribunal le dijo que en el sumario había una carta con un poema que ella le había escrito y enviado al prisionero, y a continuación leyó:

> Yo quería escribir
> un «no sé qué»
> dulce, apacible,
> algo invisible,
> un «no sé qué»
> amable,
> agradable,
> un «no sé qué»
> que calma,
> que encanta,
> un «no sé qué»

que da confianza
incluso en el silencio
y así vengo a decirte
un «te quiero».

Un silencio asombrado y embarazoso se adueñó de la sala. La testigo farfulló que eso pertenecía al pasado, que ya no visitaba a Romand. Mientras, cada uno de los presentes sacaba sus propias conclusiones en silencio o intercambiando miradas.

Confianza e indignación

Otro de los momentos intensos del proceso se vivió con la presencia de la viuda del tío de Florence, quien había comprado las píldoras que supuestamente curaban el cáncer a Jean-Claude. En la sala, había un testigo vivo de sus iniquidades y capaz de contradecir sus mentiras: ella conmovió a la audiencia y su testimonio fue abrumador.

Cuando Romand fue interrogado por el tribunal al respecto, respondió entre asombrado y aturdido que la idea de ese tratamiento había sido de Florence, quien había oído hablar del mismo, aunque no dio mayores precisiones. Luego afirmó que no había vendido las píldoras como un tratamiento milagroso, sino como un placebo que, aunque no fuese beneficioso, tampoco causaría daño. La pregunta surgía implacable de todos modos: ¿Y por qué, entonces, costaba tan caro?

Más tarde declaró que nunca había dicho que integraba el equipo que investigaba y elaboraba la medicación contra el cáncer, y que una persona tan informada como Florence habría sospechado que un científico de alto nivel comercializase a escondidas investigaciones en marcha. Por último, afirmó que se había limitado a servir de intermediario con un investigador al que le entregaba el dinero a cambio de las cápsulas. Cuando le apremiaron para que diera detalles concretos sobre ese «intermediario», respondió que no recordaba su nombre, que estaba en la agenda que se quemó en el incendio. Tenía una respuesta para todo, aunque nada creíble.

Sin embargo, el testigo más impresionante del proceso y aquel que realmente logró perturbarle, fue su tío Claude Romand. Todos vieron subir al estrado a un hombre sanguíneo y robusto, que en lugar de encarar al tribunal como otros testigos, se volvió hacia su sobrino, mirándole de arriba abajo con desprecio y sus puños fuertes apoyados sobre las caderas. A continuación, se tomó su tiempo —quizá unos 30 segundos, que parecieron muchos más— y en ese breve lapso logró que Jean-Claude se viniera abajo. No solo por el remordimiento y la vergüenza, sino porque fue evidente su miedo a que le pegase, a pesar del cristal que les separaba y de los gendarmes que custodiaban a Jean-Claude. El pavor que sentía a la violencia física se reflejaba en su pálido rostro.

De su testimonio, sobresale la explicación que dio cuando le preguntaron por qué su propia familia no sospechaba que su sobrino les pudiera estafar. Dijo: «Estábamos todos a sus pies, para creer lo que nos estaba diciendo. Nos dejamos tentar frente a este buen conversador. Confianza, mi pobre dama».

Una testigo que faltó a la cita fue la examante y amiga de Jean-Claude, Corinne, a quien el asesino le había perdonado la vida en las jornadas fatales de enero de 1993. Víctima también de sus estafas, se excusó en problemas de salud para no concurrir a Bourg-en-Bresse. En tanto, la madre de Florence fue bastante parca pero contundente al dirigirse al acusado. «Jean-Claude, eres un monstruo», le espetó.

En un momento casi teatral, la presidenta de la corte, Yvette Vilvert, leyó algunos pasajes del libro *La caída*, de Albert Camus. Los extractos habían sido elegidos por el propio Jean-Claude y enviados por correo a personas que le habían visitado en prisión. «¿Cómo podría ser la sinceridad una condición de amistad?

El gusto por la verdad a toda costa es una pasión que no perdona nada. O egoísmo. La verdad, como la luz, ciega. La mentira es un hermoso crepúsculo que resalta cada objeto. A veces vemos más claramente en quien miente que en quien dice la verdad».

Un discurso preparado

Durante los seis días de audiencia, Jean-Claude permaneció prácticamente inmóvil en su cubículo: nunca miró al público ni a la familia de Florence. Al ser interrogado, de manera gentil y algo confundido aparentemente, respondió algunas preguntas, las de segunda categoría, pero hizo un silencio obstinado cuando se le interrogó sobre los hechos cruciales de los que se le acusaba. Permanecía frío e insensible ante asuntos desgarradores.

Las explicaciones eran casi filosóficas y coincidían con la personalidad definida por los psiquiatras. «Viví esos días sin un objetivo; quería ser más fuerte que el destino; tenía miedo al fracaso, miedo de decepcionar a mis padres; a veces puedes decir una mentira para agradar, para ver la alegría en los ojos de otra persona; cuando no sé cómo saltar un obstáculo, lo elimino», fueron algunas de las frases que dijo durante el juicio, según Emmanuel Carrére, el autor de *El adversario*.

Como era de esperarse, no logró ganarse la simpatía del público ni su comprensión. Nadie podía olvidar que había estafado a familiares y amigos, y, por supuesto, que había matado a toda su familia.

En el tercer día del juicio, Jean-Claude, que parecía ceñirse casi al mismo libreto de los interrogatorios de 1993, se quebró emocionalmente, pegó un grito y cayó al suelo. Gilles Deberdani, periodista de *Le Dauphiné Libéré* narró ese momento en el programa *Traiga al acusado*: «Todos están asombrados. La primera vez que manifiesta una emoción tan fuerte es cuando hablamos de su perro». Jean-Claude solo demostró un sentimiento auténtico por su mascota de la infancia.

.a cuisine française s'est toujours nourrie des influences
enues d'ailleurs! (...) Tout le patrimoine culinaire français,
gion par région, est influencé par l'extérieur. En Gaule, il n'y avait
s grand-chose à manger sinon les châtaignes et les glands.»

ain Sanderens, cuisinier français.

SOCIETE/CULTURE

Jean-Claude Romand: «Je ne confiais ma tristesse qu'à mon chien»

Deuxième journée du procès du faux docteur, qui a tué les cinq membres de sa famille: pour sauvegarder l'image d'un garçon sage et souriant, il mentait à tous et depuis toujours, sauf à son fidèle compagnon.

CATHERINE FOCAS
BOURG-EN-BRESSE

L orsque vous étiez petit, Jean-Claude Romand, vos chagrins d'enfant, à qui les confiiez-vous? N'était-ce pas à votre chien? La séance d'hier, Jean-Claude Abad, avocat de l'accusé, question anodine, effet foudroyant. ars que pendant plusieurs heures m interrogatoire serré sur l'assassinat de sa femme, de ses rents et de ses enfants, Romand ait resté maître de lui, cette ple évocation de son chien lui a éralement coupé le souffle jus-à le faire chanceler et tomber à terre. Deux gendarmes l'ont aidé à se relever. L'audience de la Cour d'assises de Bourg-en-Bresse a été suspendue (LNQ d'hier).

Deux heures plus tard il s'explique avec peine: «Le chien a évoqué la présence invisible mais très forte de mes parents. De ceux que j'aimais et qui m'aimaient, de tout ce qui est brisé, c'est au-delà des mots.» Son discours devient inaudible. Il s'arrête, reprend. «Quand j'étais enfant j'avais des secrets lourds à porter, des non-dits, une tristesse que je ne confiais pas à mes parents. J'avais trop peur de les décevoir. De toute, je le confiais seulement à mon chien. Avec mes parents j'étais toujours souriant, je voulais garder les apparences et je mentais sur le fond de mes émotions. Mais l'amour existait malgré les mensonges. Si je ne les avais pas tant aimés, je ne serais pas là aujourd'hui.»

Changement de décor: la présidente de la Cour d'assises, Yvette Vilvert, toujours aussi énergique, mitraille l'accusé de questions sur les seize cassettes porno qu'il a acquises en 1992. Leçon de morale.
– Mais qu'est-ce que vous faisiez de toutes ces cassettes porno? Avec qui, quand et où les regardiez-vous? Vous n'étiez pas satisfait des relations avec votre femme?
– Mais ça n'a rien à voir. On a commencé à regarder des films porno en 1985 lorsqu'on s'est abonnés à Canal+.»
– Mais toutes ces cassettes, quand même! Quand on en a vu une... elles sont toutes pareilles, non? Et puis ces salons de massage que vous fréquentiez? Massages complets, massages pas complets, enfin on voit ce que c'est. Vous aimiez bien ça aussi si?
– Je meublais ainsi des journées sans but, ça remplaçait ainsi les anxiolytiques.

Puis la Cour passe en revue les préparatifs de Jean-Claude Romand durant la semaine qui a précédé le drame. Le 6 janvier 1993, il s'est rendu dans une armurerie et a acheté des cartouches, un boîtier de défense, des bombes lacrymogènes. «Et tout ça pour vous suicider? demande la présidente. Dites donc, vous aviez vraiment peur de vous ratez! Et le silencieux pour carabine? Vous aviez les oreilles fragiles?» L'accusé tente de s'expliquer. Ce silencieux était, dit-il, un présent pour son père.

Le 8 janvier, Romand a continué ses emplettes: une barre métallique, deux jerrycans pleins d'essence, un rouleau à pâtisserie. Il nie farouchement ce dernier achat, mais admet que «l'idée meurtrière était déjà présente». A ce propos, l'avocat général donne lecture d'une pièce du dossier dans laquelle Romand déclare: «J'avais déjà quelque chose en tête, mais je ne savais pas si c'était tirer sur ma famille ou sur moi.»

Plusieurs amies de Florence, l'épouse de Jean-Claude Romand, sont venues témoigner, hier, à la barre. De Florence elles disent toutes avec émotion que c'était une «femme extra». Son mari leur faisait bonne impression. L'une d'elles le décrit «comme un grand nounoirs très doux». Elles l'ont toujours cru sur parole même quand il décrivait son travail avec Brigitte Bardot pour la protection des animaux de laboratoire ou ses rencontres avec Laurent Fabius. Aucune, jamais, n'a nourri le moindre soupçon. Florence y a largement contribué: les rares fois où l'une de ses amies se montrait un peu curieuse et interrogeait Jean-Claude sur sa profession, elle la rabrouait: «Ne lui pose pas de questions, Jean-Claude a horreur de parler de son travail!» Comment pouvait-elle s'aveugler à ce point?

Quelques fois pourtant le doute l'a assaillie. Au cours d'un repas entre copains elle a lancé à la cantonade: «Des fois, je me dis que je vis peut-être avec un espion?» A une amie, elle a confié: «Tu ne sais pas la détresse qui se cache derrière les apparences d'aisance?» A une autre: «Ne te fie pas aux apparences, Jean-Claude n'est pas toujours aussi doux et aussi patient avec les enfants.» Au fond d'elle-même Florence était-elle désespérée? Appelait-elle ses amies au secours? Rétrospectivement elles se le demandent avec douleur. Mais avec Florence, c'était si difficile de savoir. Elle lançait une remarque étrange, une ombre apparaissait, et puis, vite, elle l'effaçait pour une pirouette. On passait à autre chose. Elle redevenait la Florence sans soucis, rayonnante et dynamique. Toujours un bon mot, toujours un sourire aux lèvres. ❑

AN-CLAUDE ROMAND: «Le chien a évoqué la présence invisible mais très forte de mes parents. ceux que j'aimais et qui m'aimaient, de tout ce qui est brisé, c'est au-delà des mots...»

Les Assises françaises ne seront plus sans appel

Les personnes condamnées par les jurés des Cours d'assises françaises pourront désormais faire appel de ce jugement, selon un projet de loi gouvernemental qui constitue la plus importante réforme de cette juridiction depuis sa création il y a deux cents ans.

Jusque-là, ceux qui étaient accusés des plus graves infractions – meurtres, viols ou vols à main armée – étaient jugés par une Cour d'assises composée de trois magistrats et de neuf jurés tirés au sort. Une fois condamnés, ils pouvaient se pourvoir devant la Cour de cassation, mais celle-ci ne statuait que sur d'éventuelles erreurs de procédure, sans réexaminer le fond de l'affaire. **AFP**

PUBLICITÉ

Ce vendredi dans

Cinémathèque suisse
Hervé Dumont
s'attaque aux clichés

Festivals de l'été
le guide de survie

Le loup et l'ours peuvent revenir en Suisse, à leurs risques et périls

Indemnisation et possibilité d'abattage en cas de dégâts, la nouvelle loi sur la chasse réglemente le retour de l'ours et du loup. Mais ne dit rien du chien, responsable de la plupart des dommages.

n Fontaine en aurait tiré une fiable sur l'immigration: tant ils n'avaient aucune prétention éjourner en Suisse, le loup et re y étaient des espèces protés. Mais comme depuis quelques ées ils pointent leur museau, s'est aperçu qu'une législation s sophistiquée était de mise. Le seil fédéral a entériné hier la velle ordonnance sur la chasse, entrera en vigueur le 1er août. Auréavant, la Confédération ticipera au dédommagement dégâts causés par les deux enants. D'autre part, l'Office éral de l'environnement, des ôts et des paysages (OFEFP) rra délivrer une autorisation eptionnelle de capturer ou d'abattre des loups ou des ours ayant provoqué des dommages «insupportables». Comme pour le lynx, le castor, la loutre et l'aigle.

Enfin, l'OFEFP est chargé d'élaborer une sorte de programme d'intégration, qui tentera de concilier deux exigences contradictoires: d'une part garantir la survie des animaux sauvages, notamment en leur aménageant des territoires assez vastes, d'autre part assurer la protection des moutons, chèvres et vaches désormais menacés.

La Ligue suisse pour la protection de la nature (LSPN) se félicite de cette décision. Les principaux intéressés par les futurs dégâts, à savoir les Valaisans, eux, ne sont pas contents. Si des bêtes sont tuées, la nouvelle loi prévoit une participation de la Confédération de 30 à 50% à la compensation des pertes: c'est bien trop peu, estime Narcisse Seppey, chef du service cantonal de la chasse. D'autant plus que les troupeaux ne pourront plus brouter sans berger: leurs propriétaires ne sont pas en mesure de supporter la charge financière de ce gardiennage, avertit Narcisse Seppey.

Il est un autre problème que la nouvelle loi ne résout pas: les moutons et chèvres égorgés le sont, très souvent, non pas par des loups mais par des chiens (60 à 70% des cas, selon une statistique italienne). Et dans ce cas, aucune indemnisation ni autorisation d'abattage ne sont prévues.

Le propriétaire des bêtes tuées devra-t-il fournir la preuve qu'elles sont coupables est bien un loup? On ne peut pas lui demander cela, la preuve étant trop difficile à fournir, reconnaît Hans-Jörg Blankenhorn, chef de la section Chasse et étude de la faune à l'OFEFP. D'un autre côté, il est inimagi-

La prensa retrata con asombro el único momento del juicio en que Romand manifiesta una emoción: cuando se refiere a su perro.

Y así se llegó al último día del proceso. «Les van a hablar de compasión. Yo reservo la mía para las víctimas», comenzó su discurso el fiscal, quien retrató al acusado como un personaje perverso y maquiavélico. A lo largo de las cuatro horas que duró la acusación y más tarde, durante las explicaciones de sus dos defensores, Jean-Claude Romand permaneció abrumado y cabizbajo.

Las últimas palabras de un proceso, antes de que el tribunal se retire para deliberar, pertenecen al acusado. Él había preparado un discurso, y lo dijo sin equivocarse en ningún momento:

«Es cierto que se me impone el silencio. Comprendo que mis palabras e incluso mi supervivencia agravan el escándalo de mis actos. He querido asumir tanto el juicio como el castigo, y creo que es la última ocasión que tendré de hablar de quienes sufren por mi causa. Sé que mis palabras son insignificantes, pero debo decirlas. Decirles que su sufrimiento no me abandona ni de noche ni de día. Sé que me deniegan el perdón, pero en memoria de Florence quiero pedirles perdón. Solo lo obtendré quizá después de mi muerte. Quiero decir a la mamá de Florence, a sus hermanos, que su papá murió a causa de su caída. No les pido que me crean, porque no tengo pruebas, pero lo digo delante de Florence y delante de Dios porque sé que un crimen inconfesado no será perdonado. Les pido perdón a todos».

Entonces, miró a la vitrina donde estaban dispuestas cada una de las pruebas y se dirigió ahora a la foto de sus hijos.

«Ahora quisiera hablarte a ti, mi Flo, a ti, mi Caro, a ti, mi Titú (por Antoine), a mi papá, a mi mamá. Os llevo dentro de mi corazón y es esta presencia invisible la que me da fuerzas para hablaros. Lo sabéis todo, y si alguien puede perdonarme sois vosotros. Os pido perdón. Perdón por haber destruido vuestras vidas, perdón por no haber dicho nunca la verdad. Y, sin embargo, mi Flo, estoy seguro de que tu inteligencia, tu bondad, tu misericordia hubieran podido perdonarme. Perdón por no haber podido soportar la idea de haceros sufrir. Yo sabía que no podría vivir sin vosotros, pero hoy sigo estando vivo y os prometo que trataré de vivir hasta que Dios lo quiera, salvo si los que sufren por mi causa me piden que muera para atenuar su pena. Sé que me ayudaréis a encontrar el camino de la verdad, de la vida. Hubo mucho, mucho amor entre nosotros. Os seguiré amando de verdad. Perdón a quienes podrán perdonar. Perdón también a los que no podrán perdonar nunca.»

Sobre estos dichos, el psiquiatra Daniel Settelen dijo en una entrevista que, «en ese momento, nadie lo interrumpe sin saber si les pide perdón o si les pide su compasión o su comprensión».

El fiscal Jean-Olivier Viout había solicitado que se le declarara culpable de «delitos cometidos con pleno conocimiento de los hechos por el motivo más sórdido, el del dinero». Deseaba este castigo acompañado de un período de seguridad (o libertad condicional) de 30 años.

El tribunal tardó apenas cinco horas en condenar a Jean-Claude Romand. El 6 de julio de 1996 fue sentenciado a cadena perpetua, acompañada de otra sentencia de seguridad de 22 años por homicidios, intento de asesinato, incendio premeditado y abuso de confianza. Comunicado el veredicto, el acusado fue conducido a prisión y las preguntas cruciales sobre los asesinatos quedaron para siempre sin respuesta.

Capítulo 9

REDENCIÓN

«La palabra "libre" es difícil de escuchar.
Significa que tiene derecho a no dar más
explicaciones. Para mí ganó.»

EMMANUEL CROLET, a France Télévisions,
días antes de la excarcelación de Jean-Claude
Romand, el 28 de junio de 2019.

Tras el juicio, Jean-Claude Romand fue llevado primero al presidio de Villefranche-sur-Saône y después al de Saint-Maur, en el distrito de Châteauroux. En prisión, tuvo el primer trabajo de su vida: bibliotecario. Y años después, se dedicó a la restauración de documentos para el Instituto Audiovisual. Además, se inscribió en talleres de escritura, de informática y de dibujos animados, también se interesó por aprender cantos gregorianos y comenzó a estudiar japonés. Esta «bulimia por el conocimiento» —como la describió el psiquiatra Settelen— le servía para llenar el vacío en el que vivía. Finalmente, Jean-Claude obtuvo un título real: licenciado en Ingeniería Informática.

Sus compañeros le consideraban un preso ejemplar y cuando alguno de ellos padecía un problema de salud leve, no dudaba en pedirle consejo médico. Patrick Guillemin, un preso que estuvo en la celda frente a la suya durante 2007 y 2008, dijo en una entrevista televisiva que Jean-Claude era tranquilo y que hablaba amablemente, pero que notaba cierta desconexión entre sus pensamientos, sus emociones, sus recuerdos y su propia identidad.

Incluso, a veces, se refería a sus crímenes como hechos desafortunados. Según la administración de la prisión, durante todos esos años fue un prisionero modelo.

El adversario

Durante los 26 años que estuvo cumpliendo condena, Romand se carteó y recibió visitas de abogados, escritores y otros que querían descubrir su personalidad. El intercambio con una de esas personas dio origen a una obra literaria que, en Francia, suelen comparar con *A sangre fría*, obra en la que Truman Capote describe el asesinato de la familia Clutter.

De este modo, la crónica novelada *El adversario* del escritor Emmanuel Carrère reconstruye el caso Romand con rigor, basándose en la correspondencia que el autor compartió con el condenado. Carrère intentó bucear en lo más profundo de la mente de ese asesino múltiple; de ir más allá de los límites de lo jurídico y de la psicopatología, y enfocarle desde el aspecto literario.

Tres días después de los asesinatos, Carrère leyó un artículo de *Libération* sobre el horror de los crímenes. La noticia despertó su interés y quiso conocer al autor de esos hechos. Ansiaba encontrar una explicación racional a lo irracional, dejando de lado la instrucción del sumario. Quería averiguar qué ocurría en la cabeza de Jean-Claude los días que pasaba en su coche estacionado en un aparcamiento o caminando sin rumbo por los bosques; qué pensaba las noches de sus falsos viajes de trabajo al extranjero, instalado en un hotel próximo al aeropuerto.

Cinco meses después de los asesinatos, Carrère le escribió una carta y se la mandó a través de su abogado. En ella le decía que estaba obsesionado «con la tragedia de la que usted ha sido causante y único superviviente», y le explicaba que intentaba comprender lo ocurrido y que deseaba escribir un libro sobre los hechos que publicaría después del proceso. Le confesaba, además, que no creía que «lo que usted ha hecho» fuera obra de un criminal ordinario, ni de un loco, sino de «un hombre empujado hasta el fondo por fuerzas que le superan, y son esas fuerzas terribles las que yo desearía mostrar en acción».

Después de dos años de silencio, Carrère recibió una respuesta. Jean-Claude le explicaba que su abogado le había pedido esperar el final de la instrucción judicial para escribirle y que deseaba colaborar con él. En otras cartas, le comentó que había empezado a leer a Jacques Lacan, el acreditado psiquiatra y psicoanalista, para comprenderse mejor, e incluía en ellas pasajes de los informes psiquiátricos. Según él, estaba convencido de que «la forma de ver que un escritor tiene de esta tragedia —nombre con el que designaba la matanza que perpetró— puede completar y trascender ampliamente otras visiones, más reductoras, como la de la psiquiatría u otras ciencias humanas».

En contra de sus expectativas, Carrère escribió un relato objetivo y detallado de la historia. Le llevó seis años terminar el libro, y luego afirmó que, aunque estaba fascinado por el personaje, la historia había terminado por devorarle y conducirle a una profunda depresión. «La muerte palpita por todas partes», declaró el novelista. El título remite al Apocalipsis 12,7, donde se denomina al Diablo "El adversario", quien «engaña al orbe entero».

El escritor finaliza su libro de este modo: «Que Jean-Claude Romand no representa una farsa para los demás, de eso estoy seguro; pero el mentiroso que hay en él, ¿no la representa para sí mismo? Cuando Cristo entra en su corazón, cuando la certeza de ser amado, a pesar de todo, hace que rueden por sus mejillas lágrimas de alegría, ¿no sigue siendo El Adversario quien le engaña?».

«Solo me queda la oración»

¿Encontró Jean-Claude de verdad a Dios en prisión? Algunos creen que sí, pero muchos piensan que solo se trataba de una farsa más, de un nuevo rol al que se ajustó para lograr la admiración de algunos y el respeto de otros, que como narcisista perverso necesita.

Al finalizar el proceso de 1996, Romand pronunció un emotivo discurso dirigido a los familiares de su esposa, parientes y amigos estafados. ¿Pedía compasión, buscaba comprensión?

En la primera conversación que Marie-France Payen mantuvo con él durante el mes de febrero de 1993 en Lyon, le preguntó: «¿Eres un creyente?». Jean-Claude le respondió que, en esas circunstancias, necesitaba un «acompañante cristiano» y desde ese entonces ella empezó a visitarle dos o tres veces por semana.

Marie-France Payen, Jean Delaunay, Bernard Poncet y Marie d'Amonville le frecuentaron y acompañaron regularmente mientras estuvo en prisión, y aseguraron que Romand experimentó una profunda conversión espiritual. Según Marie-France, en uno de sus encuentros, él le confió: «Solo me queda la oración».

Bernard Poncet, que estuvo cautivo en el campo de concentración alemán de Buchenwald durante la Segunda Guerra Mundial, fue uno de los primeros en visitar a Jean-Claude en 1993. Este antiguo luchador de la Resistencia le contó que cuando estaba prisionero tuvo su conversión espiritual gracias a la lectura de un libro de Santa Teresa de Lisieux, que encontró debajo de la estera en su celda. «Lo que sea que hayas hecho, Dios te ama y puede perdonarte si le preguntas», le dijo.

En 1994, Bernard Poncet y Marie d'Amonville le ofrecieron convertirse en intercesores, es decir, en voluntarios que se comprometen a rezar por la noche, al menos una vez al mes, por las intenciones del movimiento católico Equipos de Nôtre-Dame. Marie d'Amonville les comentó a unos periodistas que fue fiel a su compromiso: «Jean-Claude ha mostrado mucho celo al escoger horarios poco solicitados, por ejemplo, de las dos a las cuatro de la mañana».

Al tiempo, Bernard le pidió su testimonio como intercesor, y lo publicó anónimamente en el Boletín de los Equipos:

«Esas dos horas de oración al mes, a una hora muy tardía en que la diferencia entre el mundo exterior y el interior se atenúa, son momentos benditos. La lucha contra el sueño que les precede es siempre recompensada. Es una alegría poder ser un eslabón de esta cadena continua de oración que rompe el aislamiento y el sentimiento de inutilidad. Es también un sosiego para mí sentir, en el fondo del abismo que es la cárcel, que quedan esas cuerdas invisibles que son las plegarias y que te impiden hundirte. Pienso a menudo en esa imagen de la cuerda que no hay que soltar para permanecer fiel, a toda costa, a la cita de esas horas de intercesión. Al descubrir que la Gracia no está en el cumplimiento de mis deseos, por generosos y altruistas que fuesen, sino en la fuerza de aceptarlo todo con alegría; desde el fondo de mi celda mi De Profundis se convierte en Magníficat, y todo es Luz».

Jean Delaunay, exjefe del Estado Mayor del Ejército y miembro de los Equipos de Notre-Dame desde 1955, lo visitó regularmente durante más de 15 años. «Jean-Claude reza mucho, nunca pierde la misa —le dijo a Emmanuelle Carrère— y nosotros rezamos juntos cuando lo visito». En un momento, la salud de Delaunay no le permitió seguir yendo, entonces le llamaba todos los viernes a las dos de la tarde. Según él, su transformación espiritual le había convertido en un prisionero modelo, capaz de brindar apoyo espiritual a otros reclusos.

Carrére escribe en *El Adversario* acerca de la noche anterior al último día del juicio:

«Cené con un grupo de periodistas entre los que estaba Martine Servandoni, a quien el testimonio de Marie-France había encolerizado. Consideraba que «Marie-France le tendió en bandeja un nuevo personaje que interpretar, el de gran pecador que expía sus culpas rezando rosarios. (...) Y no tuvo empacho en decirme que a mí también me metía en el mismo saco. Debe de estar encantado de que escribas un libro sobre él, ¿verdad?. En el fondo ha hecho bien matando a su familia, todas sus plegarias han sido atendidas. Se habla de él, aparece en la tele, van a escribir su biografía y su historial de canonización va por buen camino. Es lo que yo llamo triunfar por lo alto».

Después del juicio, Carrère le entrevistó en la cárcel. Mencionó que estaba en una celda rodeado de imágenes religiosas y que le escribió en una carta: «Acontecimientos de naturaleza mística, difícilmente comunicables, me han trastocado profundamente y han fundado mi fe nueva», y en otra que «La plegaria ocupa un lugar esencial en mi vida».

Excarcelación polémica

Según la legislación francesa, Jean-Claude Romand tenía derecho a pedir la libertad condicional en 2015, después de haber pasado 22 años en prisión, pero no lo hizo hasta tres años más tarde, en septiembre de 2018.

El Tribunal de Aplicación de Penas de Châteauroux estimó que era prematuro, teniendo en cuenta el interés de las víctimas y del propio prisionero. Los jueces consideraron que no podían garantizar «un equilibrio justo entre el respeto de los intereses de la sociedad, los derechos de las víctimas y la reinserción del condenado», a pesar de «su curso satisfactorio de ejecución de la sentencia». Con estos argumentos, la solicitud fue rechazada el 8 de febrero de 2019.

Sin embargo, el 25 de abril del mismo año, el Tribunal de Apelaciones de Bourges le otorgó la libertad condicional y dos meses después, el 28 de junio, Romand salió de la cárcel bajo «libertad condicional». El Tribunal de Evaluación consideró que estaba capacitado para vivir en sociedad, pero no fue un diagnóstico unánime y por eso se le exigió someterse a controles periódicos y llevar una pulsera electrónica para monitorearle durante un período de prueba de dos años, antes de ser sometido a nuevas evaluaciones y control durante otros diez años más.

En su decisión del 25 de abril, la justicia ordenó a Jean-Claude no entrar en contacto con las víctimas y las partes civiles, al tiempo que le prohibió ir a las regiones de Île-de-France, Bourgogne-Franche-Comté y Auvergne-Rhône-Alpes. También —según el comunicado de prensa de la fiscalía del 25 de abril— debía abstenerse de «cualquier comunicación de los medios relacionada con los delitos por los que fue condenado», «reparar todo o parte» del daño que había causado y «someterse a medidas de examen médico, tratamiento o atención».

La decisión del Tribunal de Apelaciones de Bourges dividió a la opinión pública y reabrió el debate sobre la reinserción de este tipo de criminales. Después de un cuarto de siglo en prisión, ¿se puede confiar en él?, ¿se ha convertido en otro hombre?. Son preguntas que carecen de respuestas. «La palabra "libre" es difícil de escuchar», dijo Emmanuel Crolet, hermano de Florence, a France Télévisions, unos días antes de la excarcelación. «Significa que tiene derecho a no dar más explicaciones. Para mí ganó».

Refugio en una abadía

Finalmente, Jean-Claude estaba a punto de salir en libertad, pero encontrar un lugar para residir e integrarse a la sociedad fue una tarea difícil. ¿Cómo y dónde seguiría su vida? Las respuestas a estos interrogantes llegarían a una abadía del siglo XI.

Así fue como, a los 65 años, Jean-Claude Romand abandonó la prisión de Saint Maur el 28 de junio de 2019, a las tres y media de la madrugada, con dirección a la abadía de Fontgombault, en el centro de Francia. Este monasterio benedictino se hizo famoso en los años 60 cuando recibió al colaborador nazi Paul Touvier, quien en la Francia ocupada por los alemanes, fue jefe de la milicia de Lyon, una fuerza policial del régimen de Vichy que persiguió a judíos y a miembros de la Resistencia.

Touvier estuvo prófugo durante casi 40 años, gracias a que una red de abadías, monasterios y parroquias le albergaron.

Romand fue condenado a cadena perpetua porque se consideró que era plenamente consciente de sus actos. En la cárcel tuvo su primer trabajo real y, según decía él mismo, encontró a Dios. Probablemente otra de sus mentiras.

Finalmente, fue detenido y condenado por crímenes contra la humanidad. ¿Caridad cristiana? ¿Respuesta a una petición de asilo? ¿Connivencias ideológicas? Son preguntas que formulan los distintos autores que escribieron *Paul Touvier et L'Èglise* —Rapport de la commission historique instituée par le cardinal Decourtray (Pour une histoire du Xxème siècle)—. Recibir en sus claustros a exconvictos acusados de crímenes atroces es tradición en la Iglesia francesa. «Lo hemos hecho en nombre del Evangelio y de la misericordia», explicó el abad, Jean Pateau, al diario *La Croix*.

La Iglesia ha defendido el derecho de todas las personas a reconstruir su vida y a reintegrarse en la sociedad, siempre que hayan cumplido las penas que la justicia les impuso. Algunos alegan que lo hace porque cree en la transformación de las personas, que ese es el espíritu de su pastoral penitenciaria; si no lo hiciera, no tendría sentido su presencia en las cárceles.

El monasterio benedictino de la Edad Media donde residen unos 60 monjes forma parte de la congregación de Solesmes, la misma a la que pertenece la abadía del Valle de los Caídos (España). Es una comunidad muy tradicional que sigue la liturgia previa al Concilio Vaticano II, según informó el diario *La Croix*.

En principio, Jean-Claude Romand vivirá allí durante dos años, cuidará la huerta y el jardín de los monjes, mientras continúa con sus cantos gregorianos. Tendrá limitados los movimientos a un radio reducido y no podrá hablar con la prensa.

Las reinserciones a la sociedad de criminales como Jean-Claude Romand abren preguntas delicadas y complejas: ¿se puede asegurar la resocialización de un asesino de esta naturaleza?, ¿qué pretende una sociedad conmovida y afectada por sus crímenes del destino de esas personas?, ¿el encierro de por vida es la solución? El debate permanece abierto.

Lo único cierto es que no podremos lograr que sus víctimas opinen al respecto. Aunque ellas serían quizá las únicas que merecerían hacerlo, ¿o no?

PERFIL CRIMINAL

Nacimiento: 11 de febrero de 1954, en Lons-le-Saunier (Francia).

Ocupación: la primera ocupación que tuvo en su vida fue de bibliotecario en la cárcel, en 1996. Antes de esa fecha, engañó a todos sus familiares y conocidos diciendo que era médico e investigador en la OMS.

Infancia y juventud: como hijo único, su infancia y adolescencia fueron solitarias: era introvertido y tenía pocos amigos.

Esposa e hijos: casado con Florence Crolet en 1984. Tuvio dos hijos, Caroline y Antoine.

Perfil psicológico: mitómano compulsivo y manipulador. Falseaba y manipulaba la realidad para transformar lo que le desagradaba en algo más soportable. Los psiquiatras Daniel Settelen y Denis Toutenu describieron su personalidad como la de un "narcisista perverso".

Tipo de víctimas: amigos y familiares.

Crímenes: juzgado y condenado por los asesinatos de su esposa Florence; sus hijos, Caroline y Antoine, y sus padres, Aimé y Anne Marie. Además, por el intento de asesinato de su amante, Corinne Delalande y el incendio intencional de su casa.

***Modus* operandi:** como buen mitómano, Romand recurrió a embustes y fraudes para financiar su vida y su estatus. Primero retiró dinero de las cuentas de sus padres y vendió un piso. Más tarde, estafó a parientes y amigos con supuestas inversiones en Suiza. También, vendió pastillas eficaces contra el cáncer que, en realidad, eran placebos.

Condena: el Tribunal de Justicia de Bourg-en-Bresse le condenó a cadena perpetua, más una sentencia de seguridad de 22 años por homicidios, intento de asesinato, incendio premeditado y abuso de confianza. En 2019, obtuvo la libertad condicional, que cumple en una abadía del centro de Francia bajo vigilancia electrónica.

Bibliografía

Bolox, Ana: *Mentiras asesinas Jean-Claude Romand*. Sekotia, Madrid, 2018.

Carrère, Emmanuel: *El adversario*. Anagrama, Barcelona, 2012.

Chatillon, Emmanuel: *Les Grands Criminels 3*. Independently Published, 2018.

Martínez Selva, José María: *La gran mentira: en la mente de los fabuladores más famosos de la modernidad*. Paidós, Barcelona, 2009.

Settelen, Daniel, Toutenu, Denis: *A aire Romand —le Narcissisme Criminel —Approche Psychologique*. L'Harmattan, París, 2003.

TÍTULOS DE LA COLECCIÓN

www.ingramcontent.com/pod-product-compliance
Lightning Source LLC
Chambersburg PA
CBHW060438090426
42733CB00011B/2324

9 781681 659084